당신의
몸값을
높이는

태도의
비 밀

비즈니스 매너

BUSINESS MANNERS BIBLE

바이블

이상화 지음

netmaru

Prologue

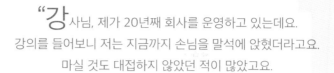

"**강**사님, 제가 20년째 회사를 운영하고 있는데요.
강의를 들어보니 저는 지금까지 손님을 말석에 앉혔더라고요.
마실 것도 대접하지 않았던 적이 많았고요.

그런데 저희 회사는 문제없이 잘되고 있어요.
그럼 매너와 비즈니스는 상관없는 거 아닐까요?
매너 좋다고 비즈니스가 성공하는 것도 아니고,
나쁘다고 실패하는 것도 아니니까요."

　　리더의 비즈니스 매너를 강의하는 자리에서 한 기업의 대표가 나에게 건넨 말이다. 나는 그의 말에 동의한다. 현실적으로 매너는 사업의 성공과 실패에 직접적, 결정적 영향을 미치는 요소가 아니기 때문이다. 그럼에도 불구하고 우리가 비즈니스 매너를 익혀야 하는 이유는 분명하다. 당신이 비즈니스를 하며 만나게 될 사람 중에는 '왜 이렇게까지 신경을 썼을까.'라는 후회가 될 정도로 당신이 준비한 매너와 배려를 전혀 알아차리지 못하는 사람이 있을 수 있다. 하지만 자신을 위해 마련된 정중한 에스코트와 따뜻한 화법에 이끌려 당신과 함께 더 오래, 더 크게 비즈니스를 하고 싶은 사람도 있을 수 있으며, 반대로 당신의 무례한 행동에 더는 비즈니스를 이어가고 싶지 않아 하는 사람도 있을 수 있다. 우리가 매너와 태도에 신경을 써야 하는 이유는 매너를 모르는 사람이 아닌 매너를 아는 사람을 위함이다. 당신이 만날 비즈니스 파트너가 전자의 사람인지 후자의 사람인지 미리 알 수 있다면 효율적으로 매너를 챙기기도, 생략하기도 하겠지만 애석하게도 처음 만나는 사람이 매너를 얼마나 중요하게 생각하는지 알 방법은 없다. 그렇다면 가장 현명하고 안전한 방법은 만나는 모든 사람에게 매너 있는 태도를 보이는 것이다.

앞서 나에게 비매너로도 비즈니스에 성공한 경험담을 이야기한 대표는 그저 운이 좋았을 뿐이다. 당신에게도 매너를 개의치 않는 사람들만 만나는 운이 찾아올 것이란 기대를 하며 매너를 포기해버리는 것은 너무 큰 모험이 아닐까? 심지어 매너는 그리 어려운 일이 아니다. 큰돈이 들지도 않고 엄청난 에너지를 요구하지도 않는다. 그저 타인에 대한 관심과 애정, 약간의 수고로움 정도면 누구라도 가질 수 있는 기술이다.

당신이 이 글을 읽고 있다면 모든 사람에게 좋은 매너를 구사하겠다는 합리적이고도 현명한 방법을 선택했다는 의미일 것이다. 실력만이 최고의 가치로 여겨지는 '요즘 세상에' 매너를 배우기로 결심한 이미 멋진 당신에게 이 책은 둘도 없는 좋은 친구가 되어 줄 것이며, 실력과 인성을 겸비한 사람만이 누릴 수 있는 성공적인 비즈니스의 세계로 당신을 이끌 것이다.

매너에는 이 세상 모든 사람을 아우르는 정답이 없다. 물론 대다수의 사람이 보편적으로 공유하는 매너가 존재하지만 저마다의 가치를 반영한 다른 형태의 매너도 존재하기 때문이다. 문화나 국가별로 다른 매너를 가지고 있는 것은 물론이며 한 국가 안에서도 기업마다, 세대마다 저마다의 가치와 형태로 매너를 추구하는 것이 현실이다.

이 책은 대체로 하나의 매너를 소개하지만, 경우에 따라 한 상황에서 적용할 수 있는 여러 가지 매너를 말하기도 한다. 매너를 가르쳐주는 강사라면 하나의 정답을 제시해야 하는 것 아니냐고 생각할지 모르지만, 오히려 세상에 존재하는 모든 매너와 의미를 알려주고 상황에 맞게 선택해서 활용하도록 돕는 것이 현실적인 교육이라는 점을 이해해주길 바란다. 매너는 책 속의 글이 아닌 일상 속의 태도로 존재할 때

의미가 있기 때문이다.

또한 이 책에서 다뤄지는 매너는 보편성에 기반을 두고 있다. 오랜 세월 동안 수많은 사람들의 경험을 통해 가장 효과적인 방법으로 여겨지는 것들이다. 혹여 책 속의 매너가 당신의 조직에 딱 맞게 적용되지 않더라도 슬퍼할 필요는 없다. 세상의 모든 조직은 나름의 문화, 즉 특수성을 가지고 있기 때문이다. 비즈니스 매너에서의 보편성과 특수성은 양자택일의 문제가 아닌 상호보완의 관계다. 이 책을 통해 매너의 보편적인 형태와 이유를 습득한 후 조직이 지닌 특수성을 반영하여 당신만의 멋진 태도를 만들어 낸다면, 그야말로 완벽한 비즈니스 매너가 될 것이다.

자, 이제 당신의 실무 능력에 커다란 날개를 달아줄 즐거운 매너의 세계로 들어가보자.

Contents

01

BUSINESS MANNERS

시 작 은

마 인 드 셋

부 - 러

비즈니스 매너,
왜 하는지 알아야
제대로 할 수 있다

✕

서울의 한 레스토랑에서 저녁 만찬이 있었다. 국내 기업의 부사장이 한국을 방문하는 이태리 파트너사의 대표와 직원들을 위해 준비한 자리였다. 부사장의 매너는 훌륭했다. 약속 시간 40분 전에 도착해 만찬 장소를 둘러본 그는 상대측 사람들이 거의 도착했다는 연락을 받고 거울 앞으로 향했다. 머리를 만지고 재킷의 단추를 잠그며 옷매무새를 정돈한 후, 레스토랑 현관 앞으로 이동하여 바른 자세로 게스트들을 기다렸다. 곧이어 상대측이 도착하자 마치 오랜 친구를 만난 듯 환하게 웃으며 환대했다. 정확한 자세로 나누는 악수, 친밀감을 키우는 적절한 스몰토크, 2층 만찬 자리까지 세련된 에스코트. 그는 흠잡을 데 없는 세련된 매너와 의전을 구사했다. 그러나 만찬 이후 상대측의 반응은 예상 밖이었다.

"많은 배려를 해주신 점 감사드립니다.
다만… 만찬 자리는 조금 불편했습니다."

그들을 불편하게 만든 것은
무엇이었을까?

잘 준비된 음식과 정중한 환대는 더할 나위 없이
만족스러웠지만 시종일관 어딘지 모르게
불편해 보이던 호스트가 신경 쓰였던 것이다.
통역사를 통해 대화를 나누는 것도 잠시,
이내 소통의 어려움을 느낀 그는 대화에서
멀어졌다. 게스트 맞춤의 서양식 요리와
이태리산 와인 역시 한식과 소주를 좋아하는
그의 입에는 맞지 않았다. 그렇게 부사장이자
호스트인 그는 결국 외딴 섬이 되어 버렸다.
언어가 달라 통역을 거쳐야 하는 대화가
어려웠을 것은 충분히 이해하지만 아예 소통을
포기해버린 모습에 자신들과 보내는 시간이
그에게는 그리 즐겁지 않을 것이라는 생각에
만찬 내내 불편했던 것이다.

비즈니스 매너를 배우는 목적은 무엇일까? 많은 사람들은 계약을 성사시키기 위해 비즈니스 매너가 필요하다고 말한다. 비즈니스의 목적이 이윤 창출이므로, 사업적 성과를 쟁취하기 위해 매너가 필요하다는 그들의 의견에 나는 전적으로 동의한다. 단, 계약을 따내기 위함이라는 그 목적을 잠시 미뤄두고 나와 마주앉아 있는 비즈니스 파트너의 기분을 즐겁게 만드는 것을 당신의 첫 번째 목적으로 삼기를 바란다. '계약'보다 '기분'이 먼저여야 하는 이유는 간단하다. 비즈니스도 결국 사람이 하는 것이고, 사람은 작은 것에 기분이 상하기도 하고 좋아지기도 하기 때문이다. 그리고 그 기분은 반드시 당신의 비즈니스에 일정 부분 영향을 미친다.

그렇다면 앞선 만찬 자리에서 호스트의 역할을 수행했던 기업 부사장의 매너는 성공일까 실패일까? 분명 호스트의 보여지는 매너와 의전은 흠잡을 데 없이 훌륭했지만 소통의 문제로 게스트 측의 불편함을 초래했다. 결과적으로 그 매너는 실패라고 할 수 있다. 비록 일반적으로 정해진 매너의 형태를 완벽하게 구사했다 하더라도 상대의 기분을 불편하지 않게 만들기 위함이라는 매너의 진짜 목적을 달성하지 못했기 때문이다.

유럽 비즈니스 파트너의 한국 방문을 앞둔 두 명의 직원이 있다. A는 이를 갈며 전의를 불태웠다. 완벽한 준비로 유리한 계약을 성사시키겠다는 일념으로 실무적인 준비에 몰두했다. B 역시 협상을 위한 실무 준비에 박차를 가했다. 그리고 한국을 처음으로 방문하는 유럽 파트너사의 직원을 위한 인간적인 준비도 시작했다. '경복궁을 구경할까? 한강 유람선을 태워 줄까? 삼겹살에 소주를 대접할까? 고풍스러운 한정식집에 데려갈까?' 파트너들의 한국 방문을 더 행복하게 만들 방법에 대한 고민이었다.

A와 B 중에 더 긍정적인 결과를 얻은 사람은 누구일까? 당연히 B였다. 비즈니스에서 가장 중요한 요소는 업무와 관련된 실무 능력이지만, 상대에 대한 인간적인 배려 또한 결코 놓쳐서는 안 되는 중요한 덕목이다. 그리고 이 인간적인 배려를 시각적으로 드러내는 방법이 바로 매너이기 때문에 비즈니스를 하는 사람이라면 매너의 중요성을 반드시 인식해야 한다.

"나는 일만 해도 잘하는데, 꼭 매너까지 신경 써야 돼?
매너 안 챙겨도 성과만 잘 내면 됐지.
인간적인 배려까지 준비해야 하는 거야? 휴~ 그건 내 스타일 아니야."

비즈니스를 하는 모든 사람이 비즈니스 매너의 필요성을 절실히 느끼고 즐거운 마음으로 활용하지는 않는다. 업무와 상관없는 부수적인 요소로 느껴지는 매너를 귀찮다는 이유로 또는 낯설다는 이유로 거부하는 것이다. 그렇지만 이런 마음가짐은 당신의 비즈니스에 '절대' 도움이 되지 않는다. 비즈니스를 하는 동안 요구되어지는 다양한 매너들은 성공적인 업무 수행을 위해 반드시 필요한 것이라는 인식을 가져야 한다.

중요한 것은
형태가 아니라 기분이다

2

서울의 한 노인복지관에서 강의를 진행
했던 적이 있다. 그곳의 복지사들은 20대
의 젊은이들이었다. 강의 시간이 다가와
참석하는 어르신들이 속속 복지관에 도착하자 대기하고 있던
복지사들은 어르신들을 맞이하기 시작했다. 얼굴에는 환한 미
소가 한가득이었고 친근하게 팔짱을 끼며 안부를 물었다.

"할머니, 식사하셨어요? 아직? 배 안 고파?"
"왜 아직 안 드셨어? 간식 좀 갖다 드릴까?"

분명 반말이 절반 이상을 차지하는 대화였다. 복지사는 복지관
을 이용하는 어르신들에게 서비스를 하는 사람이다. 그리고 누
구나 알다시피 일반적인 서비스의 형태에 반말은 존재하지 않
는다. 그럼에도 손주 같은 복지사들의 반말 섞인 살가운 환대
에 함박웃음을 짓는 어르신들의 표정은 더없이 행복해 보였다.
복지사들의 서비스 매너는 성공적으로 보였다.

좋은 비즈니스 매너를 구사하고 싶다면 형태에 매몰되지 않아야 한다. 상황이나 대상에 따라 매너의 형태는 얼마든지 달라질 수 있기 때문이다. 일반적으로 정해져 있는 매너를 완벽히 구사했다 하더라도 경우에 따라서는 성공적인 매너가 아닐 수 있다. 반대로 특수한 사정을 고려해 일반적인 형태에서 벗어난 매너를 구사했다 하더라도 그로 인해 상대방이 편안함과 즐거움을 느꼈다면 성공한 매너라고 할 수 있다. 고집스럽게 책에서 본 매너의 형태를 고집하는 것보다는 상황에 맞게 형태를 변형할 수 있는 유연함이 다양화되고 있는 현대 비즈니스에서 더욱 필요한 덕목이다.

"상대방이 편안함과 즐거움만 느낀다면 형태는 중요하지 않다고요?
그럼 굳이 매너를 배울 필요가 없겠네요?"

유연함을 강조하면 종종 매너의 형식을 배우지 않아도 되는 것 아니냐는 질문을 한다. 하지만 형태에 매몰되지 않아야 한다는 것이 형태를 알 필요가 없다는 뜻은 아니다. 무언가를 알고 변형하는 것과 모르고 막무가내로 하는 것은 완전히 다른 이야기이다. 또한 표준으로 불리는 매너의 형태들은 다수의 사람들이 오랜 시간의 경험을 바탕으로 축적한 가장 안전한 방법이지 않은가? 좋은 비즈니스 관계를 원한다면 이는 반드시 알아 두어야 하는 필수적인 지혜이다.

3

프로답게
공公과 사私를 구분하라

　　비즈니스 매너를 즐겁게 구사하기 위해서 비즈니스와 사교를 구분하는 능력을 갖는 것이 무엇보다 중요하다. 비즈니스와 사교는 명확히 분리된 채로 존재해야 하는 서로 다른 두 영역이다. 일상에서는 모든 것을 내가 원하는 대로 해도 문제가 되지 않는다. 하고 싶은 대로 말하고 행동해도 누구도 뭐라 하지 않는다. 자신의 말과 행동에 따른 결과에 책임만 진다면 아무 상관없는 것이다. 하지만 비즈니스 영역에서는 내가 원하는 대로만 할 수 없다. 비즈니스 영역에서는 나의 욕망과 더불어 두 가지 요소를 함께 고려해서 행동해야 한다. 첫 번째는 동료에 대한 배려다.

축구를 위해서라면 새벽에 일어나는 부지런을 떠는 것도 마다하지 않을 만큼 축구를 사랑하는 한 남자가 있다. 취업 준비생이자 조기축구회의 일원인 그는 평일 새벽에 축구 경기를 즐겼다. 모든 에너지를 축구 경기에 다 쏟으며 몰두한 탓에 집으로 돌아오면 샤워보다 잠을 선택했다. 또 잠에서 깨면 허기를 채우기 위해 밥부터 먹었다. 그렇게 샤워는 뒤로 미루기 일쑤였다. 하루 종일 몸에서 땀 냄새가 났지만 혼자 사는 그에게 불평할 사람은 없었다.

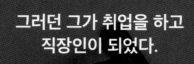

그러던 그가 취업을 하고
직장인이 되었다.

여전히 축구에 대한 열정이 충만하여
평일 새벽 축구 경기를 즐겼지만
오랜 습관 하나를 바꿔야 했다.
경기가 끝나고 돌아오면 가장 먼저
샤워를 하는 것이다. 심지어 사무실에
출근할 때는 좋은 향기가 나기까지 했다.
'출근만 아니라면 푹신한 침대에서
한숨 자고 일어났을 텐데⋯'라는
생각이 들었지만 함께 일하는 동료들에게
땀 냄새를 풍길 수는 없었다.

회사는 수많은 개인들이 모여있는 공동체다. 다수의 개인들이 각자 자신의 욕망만을 추구한다면 공동체가 유지될 수 없다는 것은 누구나 예상할 수 있는 일이다. 회사라는 공동체가 안정적으로 유지될 수 없다면 당연히 구성원인 나의 존재도 의미가 없기에 동료에 대한 배려도 곧 나를 위한 것이다. 즉, 비즈니스 영역에서는 자신의 욕망 충족보다 타인에 대한 배려가 더 멋진 가치가 된다.

두 번째로 고려해야 하는 요소는 조직이 추구하는 성공을 위한 전략이다. 모두가 알고 있듯이 기업의 본질은 이윤 추구이다. 기업이 지속적으로 이윤을 추구하며 존속한다는 것은 결코 쉬운 일이 아니다. 끊임없이 기술을 개발하고 가치를 창조하는 등 모든 면에서 전략이 필요하다. 비즈니스 전략을 수립하는 것은 기업이지만 그 전략을 수행하는 것은 결국 기업의 구성원들이다. 하지만 사업상 전략은 어디까지나 기업 입장에서 수립되는 경우가 많기 때문에 때로는 구성원 개개인의 성향을 맞추지 못할 수도 있다. 당신이 속한 조직의 성공적인 비즈니스를 위해 한 명의 자연인으로서가 아닌 조직의 구성원으로서 당신에게 요구되는 전략적 행동들을 멋지게 수행해내는 것은 프로 비즈니스인이 가져야 하는 기본기이다.

이 두 가지 마인드셋은 비즈니스 영역에서 동료와 조직을 위해 나의 욕망과 개성은 잠시 양보할 수 있다는 마음을 가져야 한다는 의미다. '양보'라는 단어가 주는 어감이 다소 부당하게 느껴질 수 있지만 두 가지 경우를 제외하면 부당한 요구는 아니다.

첫 번째는 특정 구성원에게만 요구할 때다. 공과 사를 구분하는 능력은 하급자에게만 요구되는 것이 아니다. 신입사원부터 대표까지, 기업 구성원 누구에게나 동일하게 요구되는 개념이다. 모두에게 공평하게 적용되어야만 그 누구도 불만을 갖지 않고 즐거운 마음으로 나의 개성을 내려놓을 수 있게 된다. 두 번째는 조직이 개인의 영역을 침범할 때다. 구성원에게 양보를 요구할 수 있는 범위는 분명히 비즈니스와 관련된 공적인 영역이라는 것을 잊어서는 안 된다. 비즈니스와 아무런 상관이 없는 구성원의 사적 영역에 대한 간섭은 곧 인격에 대한 침해이기 때문이다. 구성원에게 공적 양보를 요구하려면 철저한 사적 존중이 반드시 동반되어야 한다.

나는 비즈니스를 하는 모든 사람들이 개인의 영역에서는 나름의 개성을 가진 멋쟁이가 되길 바란다. 사적 영역에서 행복한 사람이 공적 영역에서의 비즈니스도 성공할 확률이 높기 때문이다. 또한 진정으로 멋있는 사람은 개인의 영역에서는 개성이 확실한 멋쟁이가 되고, 비즈니스 영역으로 진입하는 순간 나의 조직이 추구하는 그리고 내 업무에 걸맞는 자세와 태도를 갖출 수 있는 사람이라는 것도 기억하길 바란다.

1 비즈니스에서 사람을 구분하는 기준

비즈니스와 사교 사이에는 수많은 다른 점이 존재하지만 그 중 핵심은 만나는 사람을 구분하는 기준이다. 직장동료든 거래처 파트너든 당신이 비즈니스 환경에서 만나는 모든 사람은 그 사람이 가진 직위와 직책, 맡은 업무와 역할 같은 공적인 요소들만으로 평가하고 존중하는 것을 원칙으로 삼아야 한다. 이런 의미로 비즈니스에서는 성별이 없어진다. 남성과 여성은 사라지고 오로지 비즈니스 퍼슨Business Person만 존재하는 것이다. 마찬가지로 나이 많은 사람과 나이 어린 사람, 잘생긴 사람과 못생긴 사람, 키 큰 사람과 키 작은 사람, 뚱뚱한 사람과 날씬한 사람과 같은 구분도 없어진다. 출신 지역과 출신 학교 역시 사람을 구분하는 요소가 되어서는 안 된다.

"남자니까 자네가 대신 좀 하게."
"역시 예쁘고 날씬해서 일도 잘 하는 것 같군."

사적인 요소를 나타내는 표현은 절대로 사용해서는 안 된다. 이런 표현들은 당신이 만나는 상대방을 나와 함께 비즈니스 활동을 하는 전문가로서 존중하지 않는 표현들이기 때문이다. 타인을 존중할 줄 아는 태도는 사교에서도 비즈니스에서도 멋진 능력이자 좋은 덕목이다. 당신이 다른 사람을 제대로 존중할 줄 알아야 당신도 누군가로부터 제대로 존중받을 수 있다는 사실을 기억하자.

<u>2</u> 상대를 존중하는 공적 호칭

회사원 A는 신입사원이다. 생애 첫 취업이라 걱정이 많았지만 다행히 적응을 잘 하고 있는 중이다. 어색하기만 했던 팀 상사들과도 어느새 편하게 일상을 나누는 사이가 되었다. 모든 게 잘 돌아가고 있었지만 마음에 걸리는 게 하나 있었다. 바로 팀장님의 헷갈리는 태도였다. 첫 만남부터 친절하고 다정했던 팀장님은 부족한 업무 능력을 고려해서 세심하게 지시하고, 힘든 점은 없는지 자주 안부도 물어주었다. 입사 후 몇 달이 지난 시점에서 함께한 회식에서 팀장님은 A의 동의하에 말을 편하게 놓았다. 친절함에 반말까지, A는 자신이 믿고 따르는 팀장님과 한층 더 가까워진 것 같아 기분이 좋았다. 그런데 회식 다음 날 아침에 만난 팀장님은 다시 딱딱한 존댓말을 썼다.

"A 씨, 어제 잘 들어갔어요? 오전 회의 자료 좀 부탁합니다."

어제 회식자리에서의 그 친근한 팀장님이 아니었다. 그 후로도 팀장님은 반말과 존댓말을 오가며 A를 대했다. A는 혼란스러웠다.

비즈니스와 사교의 구분이 명확하게 드러나는 것이 바로 호칭이다. 회사 생활은 시간이 지날수록 익숙해진다. 일하는 공간과 사람이 편해지게 마련이고 이렇게 편해지는 마음에서 비롯되는 문제가 바로 공적 호칭 대신 사적 호칭을 사용하는 것이다. 모두가 알고 있듯이 '대리님', '과장님', '~씨'는 공적 호칭이고, '언니', '누나', '형님', '오빠', '~야'는 사적 호칭이다. 직함이 아닌 나이에 따른 호칭을 사용하는 것은 상대방을 함께 비즈니스를 하는 존재로서 존중하지 않는 의미가 되기 때문에 조심해야 한다.

공적 영역에서 사적 호칭을 삼가야 하는 이유는 비단 상대에 대한 존중 때문만은 아니다. 강의나 회의를 위해 기업을 방문하거나 일상에서 고객응대 서비스가 이루어지는 은행, 공공기관, 레스토랑 같은 장소들을 방문했을 때 고객인 나의 앞에서 사적 호칭을 사용하는 사람들을 종종 만날 수 있다.

"언니! 아까 부탁한 서류 좀 갖다 줘."
"철수야! 손님 나간 테이블 좀 치워."

이런 사적 호칭이 직원들끼리 친밀감의 표현이 될지 몰라도 비즈니스 파트너나 고객들에게는 당신의 전문성을 의심하게 하는 요소가 될 수 있다. 게다가 만약 당신이 업무에서 실수라도 저지른다면 당신이 사용한 사적 호칭과 묶여 업무 능력을 과도하게 평가절하 당할 수도 있다.

공적 상황에서 사적 호칭을 쓰지 말아야 하는 이유는 또 있다. 구성원들 간의 분위기가 좋을 때는 아무래도 상관없지만 회사 생활의 모든 순간이 순탄하고 좋을 수는 없다. 때로는 업무와 관련해서 누군가의 잘못을 지적하거나 안 좋은 소리를 하게 될 때가 있다. 공적 호칭과 함께 지적을 받은 사람은 '내가 공적인 부분에서 잘못을 했구나.'라고 느끼지만 사적인 호칭과 함께 지적을 받은 사람은 공적인 잘못에 대한 자존심뿐 아니라 사적 개념인 인격에까지 상처를 입을 수 있다.

결론적으로 일과 이후의 회식에서는 친근한 반말을, 회사 내 업무 시간에는 공적인 존칭을 사용하는 회사원 A의 팀장님은 오락가락하는 이상한 성격의 소유자가 아니라 공과 사를 구분하며 팀원을 제대로 존중할 줄 아는 멋진 상사인 것이다. 공적인 호칭과 존칭으로도 동료 간의 친밀감을 충분히 형성할 수 있다는 사실을 잊지 말자.

일터에서 만나는
모든 사람이 당신의 고객이다

4

현대 비즈니스에서 고객은 크게 외부 고객과 내부 고객으로 세분화되면서 그 범위가 확대되었다. 외부 고객 External Customer 은 전통적인 의미의 고객이다. 기업에 속해 있지 않은 외부인으로서 기업의 매출을 발생시키는 사람들이다. 따라서 외부 고객은 직접적인 이해관계에 있는 사람이라고 할 수 있다. 내부 고객 Internal Customer 은 기업의 내부 구성원 즉, 회사 내의 임직원들을 말한다. 외부 고객을 유치하는 역할을 수행함과 동시에 잠재적으로 매출을 발생시킬 수 있는 가능성을 가지고 있는 존재이기 때문에 기업의 입장에서는 중요한 자산으로 여겨진다.

나는 개인적으로 이 책을 읽는 당신이 더 따뜻하고 더 수준 높은 비즈니스 능력과 매너를 갖기 바라기 때문에 권하고 싶은 한 가지가 있다. 바로 내부 고객의 개념을 더 넓게 확장시키는 것이다. 당신에게 있어서 내부 고객은 직장상사, 부하직원, 동료뿐만 아니라 일터에서 만나는 모든 사람이 되어야 한다. 사무실에 생수를 가져다주는 배달 기사, 도시락을 배달해주는 식당의 아르바이트생, 청소 인력, 회사 건물의 경비원과 주차요원 등 일터에서 만나는 모든 사람을 내부 고객으로 여겨야 한다. 비록 그 사람이 평생 당신 회사의 물건을 사지 않을 것이 분명하고 함께 물건을 만드는 사람이 되지 않을지라도 말이다. 같은 회사 직원도 아닌 사람에게까지 고객이라는 단어를 사용해야 하는 이유는 그래야 그들에게 함부로 대하지 않기 때문이다. 일터에서 만나는 누구에게나 친절하게 대하는 태도를 가져야 한다. 반드시 기억하라. 일터에서 만나는 모든 사람에게 친절해야 한다.

'나한테 중요한 건 내 직장동료들이야.
그리고 나의 비즈니스 파트너와 고객들이지.

그 이외의 사람들은 나와 이해관계가 없잖아.
함부로 하더라도 나에게 피해가 오지 않아.
굳이 그들에게까지 친절할 필요는 없어.'

이런 생각이 위험한 이유 그리고 누구에게나 친절하게 대하는 태도가 중요한 이유는 두 가지 측면에서 설명된다. 첫 번째는 인간적인 측면에서 소중한 덕목이기 때문이다. 사람이 사람에게 친절하게 대하는 태도를 나쁘게 생각하는 사람은 없다. 그것은 사람이라면 누구나 공유하는 보편적인 가치이기 때문이다. 두 번째는 비즈니스 측면에서의 효용이다.

뜻하지 않게 여윳돈이 생긴 A는 투자 상품에 가입하기 위해 은행을 찾았다. 창구에 앉아 방문 목적을 설명하자 안 그래도 친절했던 맞은편 직원이 조금 더 친절해진 느낌이었다. 정중한 말투로 여러 가지 상품들의 장단점을 자세하게 설명하기 시작했다. 그렇게 열정적인 서비스를 제공하는 도중, 청소담당자가 자리로 와서 쓰레기통을 비우려 했다. 흐름이 끊겨버린 직원은 불쾌감을 드러냈다.

"저기요! 지금 고객님 계시는데 뭐 하시는 거예요. 먼지 나게!
고객님 불편하시니까 나중에 하세요!"
"아이고. 불편하셨죠, 고객님. 정말 죄송합니다.
저희가 교육 다시 시키겠습니다. 죄송합니다."

충분히 사과했다고 생각한 직원은 다시 친절하게 상품 설명을 이어갔다.

만약 당신이 고객 A라면 어떤 기분이 들까? 당연히 불편함과 불쾌감을 느낄 것이다. 비록 당신에게 한없이 친절했다고 하더라도 말이다. 사람이 사람을 함부로 대하는 태도를 지켜보는 것만으로도 불편함과 불쾌감을 느낀다는 세상의 이치를 반드시 기억해야 한다. 비즈니스 관계에서의 불쾌감은 사교에서의 그것과는 비교가 되지 않을 정도로 위험하다. 사람을 함부로 대하는 태도는 '이 사람 뭐야? 사람이 못됐네.'라는 생각이 들게 만들고 누군가의 머릿속에 떠오른 이 생각은 당신을 더 이상 좋은 사람으로 볼 수 없게 만든다. 당신이 아무리 뛰어난 업무 능력을 가지고 있다 해도 인간 본성에 대한 부정적 인식이 생겨난 순간, 같이 일하고 싶지 않은 사람이 될 것이다.

또한 회사에 속한 모든 직원은 각자가 회사를 대표하는 존재다. 때문에 개인의 부적절한 태도는 회사의 신뢰도에도 안 좋은 영향을 끼칠 수밖에 없다. '이 회사는 직원 교육도 안 하나? 왜 이런 사람을 뽑았어?'와 같은 부정적 평가가 모이면 그 회사의 전체적인 평판이 하락하는 것은 당연한 일이다. 외부 고객과 내부 고객을 대하는 태도가 상반되는 상황은 기업 내부에서도 발생할 수 있다.

나는 직업상 여러 기업을 다닌다. 강의나 미팅을 위해 자신의 회사를 찾은 나에게 담당자들은 항상 친절함을 보여준다. 오는 길이 어렵지는 않았는지 묻고, 회의실까지 정중하게 안내한다. 자리에 앉으면 잊지 않고 커피나 차를 권한다. 그리고 자신의 동료, 주로 부하직원에게 내가 고른 음료를 가져다줄 것을 부탁한다.

"철수야. 커피 두 잔! 뭐? 당연히 따뜻한 거지! 그걸 말해야 알아? 으이구."
"요즘 애들이 저렇게 센스가 없어요, 강사님. 허허."

커피를 기다리며 웃음 가득한 얼굴로 친절함이 묻어나는 가벼운 대화를 이어 나간다.

누군가에게 친절을 베풀기 위해 또 다른 누군가를 함부로 대하는 것만큼 어리석은 행동은 없다. 외부 고객을 위해 내부 고객을 희생시켜서는 안 된다. 당연히 내부 고객을 위해 외부 고객을 희생시켜서도 안 된다. 가장 현명한 방법은 모두를 친절하게 대하는 것이다. 당신의 사소한 태도로 고객을 잃을 수도 얻을 수도 있다. 그리고 고객은 그것이 외부이든 내부이든 단 하나도 잃어서는 안 되는 비즈니스의 소중한 자산이다.

Always

누군가에게 친절을 베풀기 위해
또 다른 누군가를 함부로 대하는 것만큼
어리석은 행동은 없다.

외부 고객을 위해 내부 고객을 희생시켜서는 안 된다.
당연히 내부 고객을 위해 외부 고객을 희생시켜서도 안 된다.
가장 현명한 방법은 모두를 친절하게 대하는 것이다.

02

BUSINESS MANNERS

따뜻한 비즈니스를 위-한 의 전 의 모 든 것

01 성공적인 비즈니스를 위한 윤활유, 의전
02 좋은 의전을 만드는 다섯 가지 원칙, 5R
03 모두가 즐겁고 아무도 상처받지 않는 의전
04 소소하지만 확실하게 성공하는 의전 꿀팁

성공적인 비즈니스를 위한 윤활유, 의전

　예를 갖추어 행사를 치르는 일정한 법식, 의전. 의전은 국가 간의 교류나 국가 차원 행사의 원활한 진행을 도모함으로써 최선의 성과를 달성하는 데 일조하는 역할을 한다. 비록 국가 의전이 대다수 의전의 기준이 되지만, 그렇다고 하여 의전이 반드시 국가의 활동에만 쓰이는 것은 아니다. 국가 차원에서의 의전이 기업 차원으로 이동하면 비즈니스를 위한 기업 의전이 되며 비즈니스에서의 의전이 가지는 역할도 국가의 그것과 결코 다르지 않다.

　안타깝게도 많은 사람들이 의전에 대해 좋지 않은 인식을 가지고 있으며, 의전을 불필요한 것이라 여긴다. 사람들이 의전을 부정적으로 생각하게 된 이유는 무엇일까?

"정치인 A, 지위를 앞세워 부당한 특혜 요구하여 눈살."
"B 기업 CEO, 새치기로 SNS에서 화제. 기업 이미지 나락으로."

의전은 일상적인 개념이 아니다. 그래서 주로 뉴스를 통해 접하게 되는데, 불행하게도 뉴스 속 의전은 부정적 사례가 대부분이다. 때문에 사람들은 '황제 의전', '과잉 의전'과 같은 단어를 떠올리며 의전에 대한 단순한 거부감을 넘어 분노를 느끼기도 한다.

의전에 대한 부정적 인식의 또 다른 이유는 잘못된 개념 이해다. 의전 업무를 하지 않음에도 매일 스스로 의전을 실행한다고 생각하는 사람이 있다. 평소 눈치를 잘 살펴 상사의 기분이 상하지 않도록 주변을 정리하고, 회식 자리에서는 상사가 도착하면 문 앞까지 모시러 간다. 상석으로 착석을 돕고 식사와 음주에 불편함이 없도록 회식이 진행되는 내내 세심하게 신경을 쓰는 사람이다. 그 사람에게는 상사의 눈 밖에 나지 않기 위해 하는 모든 행동이 곧 의전인 것이다.

"승진하려면 일단 의전부터 잘해야지. 기본 아니겠어? 허허."

이 말은 의전을 부정적으로 이해하게 만드는 잘못된 표현이다. 아부와 아첨을 의전과 동일시하는 것은 의전이 가진 역할을 아주 작은 부분으로 제한시킴과 동시에 부정적인 인식을 불러일으키기 때문이다.

단언컨대 의전은 좋은 것이다. 사람을 배려하는 방식이며 관계를 돈독하게 하는 장치다. 잘 준비된 의전은 따뜻하고 즐거우며 멋지고 아름답기까지 하다. 당신이 구사한 좋은 의전은 당신의 비즈니스를 성공의 방향으로 이끌어줄 것이다. 그래서 비즈니스를 하는 사람이라면 의전을 제대로 알고 효과적으로 활용할 줄 알아야 한다.

3

모두가 즐겁고
아무도 상처받지 않는 의전

　　사람은 모두 인정받고 싶은 욕구를 가지고 있으며 자신이 중요한 존재라는 사실을 확인받고 싶어 한다. 그리고 자신의 중요도는 자신이 타인으로부터 받는 배려(공적으로는 의전)의 정도에 따라 결정된다고 느낀다. 의전이 어려운 이유가 바로 이 지점이다. 모두가 무리의 중앙 자리를 원하지만, 중앙 자리는 단 하나뿐이고 누군가는 가장 바깥 자리에 위치해야 하기 때문이다. 어떻게 하면 나름의 인정 욕구를 가진 다수의 사람들 모두를 즐겁게 만들 수 있을까? 어떻게 하면 누구도 상처받지 않게 할 수 있을까?

"왜 제 자리가 여기죠?"

당신은 여러 사람이 모이는 행사에 초청받았다. 행사장에는 많은 사람들이 모였으며, 모든 행사를 마친 후 단체 기념촬영 시간이 되었다. 주최 측에서 정해 둔 자리 배치용 명찰의 위치를 확인한 당신은 곧 당신이 수많은 사람들 중 제일 가장자리에 서 있다는 사실을 깨달았다. 왠지 꺼림칙한 기분이 들어 주최 측 담당자를 찾은 당신은 정중하게 자리 배치의 기준을 물었다.

"담당자님, 죄송한데 왜 제가 가장 끝자리에 서는 건가요?"

담당자는 친절한 미소와 함께 대답했다.

"참석자들을 잘생긴 순서대로 중앙부터 배치하였답니다."

당신은 이 기준을 받아들 수 있는가? 분명 잘생긴 얼굴은 아니지만 그래도 모인 사람들 중 스스로를 가장 못생겼다고 인정하는 사람은 아마 없을 것이다. 모두가 즐겁고 누구도 불편하지 않은 의전을 위해서는 누구라도 납득할 수 있는 기준을 세워야 한다. 잘생긴 순서, 친한 순서, 힘이 센 순서, 성격이 좋은 순서 등과 같은 가치 평가적인 요소는 의전의 기준이 될 수 없다. 이런 요소들은 사람마다 생각이 다르기 때문에 누군가는 불공평하다고 느낄 수 있다. 이름의 가나다순, 소속 회사의 영문 알파벳순, 재임 기간순, 취임일자순과 같이 누구라도 명확하게 확인할 수 있는 요소들로 기준을 설정해야 한다. 그리고 설정한 기준은 의전과 관련된 모든 사람들이 완벽히 숙지하고 있어야 한다. 행사 참가자들이 의전의 기준을 물어봤을 때 관계자가 망설이지 않고 즉각적으로 답변하는 능력을 보여준다면 의전에 대한 신뢰도를 높일 수 있다.

적절한 기준을 세웠다면 다음으로 신경 써야 할 것은 그 기준을 모든 참가자들에게 공통으로 적용해야 한다는 것이다. 저 사람은 나랑 친하니까, 저 사람은 성격이 안 좋으니까, 저 사람은 돈이 많으니까 등의 이유로 의전의 기준을 깨고 특별한 배려를 제공한다면 모두가 즐거운 의전이 아닌 한 명만 즐거운 의전이 된다. 개인적으로 마음에 들지 않는 의전이라 하더라도 모든 사람이 예외 없이 동일한 기준에 의해 의전을 받는다면 개인적인 아쉬움을 심각한 의전상의 문제로 여기지 않는다. 마치 식당에서 모든 테이블의 음식이 늦게 나오는 것에 대한 아쉬움은 괜찮지만 나보다 늦게 온 테이블의 음식이 먼저 나오는 것에 대한 불쾌감은 민감한 것과 같은 이치다. 사소한 실수 하나 때문에 잘 준비한 의전 전체가 실패로 평가받는 것은 무척이나 억울한 일이며 비즈니스에도 좋지 않은 영향을 미칠 수 있다.

소소하지만 확실하게
성공하는 의전 꿀팁

4

✉

우리나라 대통령이 취임 후 처음으로 미국을 국빈 방문했을 때의 일이다. 많은 기자들 앞에서 미국 대통령을 만났고 방문에 대한 소감을 말하며, 자신이 묵고 있는 숙소로 미국 대통령이 꽃다발과 카드를 손수 보내줬다는 사실과 그 따뜻한 배려에 감사하다는 말을 덧붙였다. 그리고 동행한 아내가 특히 감동을 받았다며 재차 감사를 표현했다.

사람은 원래 사소한 것에 마음이 움직이기 마련이다. 거시적인 계획을 짜는 것이 의전의 핵심이지만 의전을 받는 사람에게 인상적으로 다가가는 것은 오히려 미시적인 챙김들이다. 회의를 위해 당신의 회사를 찾은 방문자에게 물 흐르듯이 막힘없는 진행 과정을 제공하는 것이 거시적인 의전이라면 방문자가 선호하는 음료를 미리 파악해서 제공하거나 방문자의 저서나 소속 회사 제품 같은 관련 물품을 공간에 배치하는 등의 디테일은 미시적인 의전이라고 할 수 있다. 사소한 것들을 챙긴다는 것은 곧 관심의 크기를 나타내는 것이며, 나에게 관심을 가져주는 사람은 누구에게나 고마운 존재가 된다. 하지만 사실 미시적인 의전은 반드시 해야 하는 의무가 아니기 때문에 하지 않아도 아무런 문제가 되지 않는다. 그럼에도 불구하고 당신이 파트너를 배려하는 마음을 담아 '어떻게 하면 우리 회사의 방문자가 더 즐거워질 수 있을까?'라는 약간의 고민을 한다면 당신의 의전과 비즈니스는 분명 더 성공적일 것이다.

크든 작든 비즈니스와 관련된 행사나 회의를 준비하는 업무를 하는 사람이 가져야 할 능력 중 하나는 바로 유연함과 순발력이다. 세상에 완벽한 것은 없듯이 당신의 의전 역시 완전무결할 수 없다. 다양한 스타일을 가진 다수의 사람들이 한자리에 모이는 상황이기 때문에 필연적으로 다양한 변수들이 생기기 마련이고 그 변수들은 크고 작은 문제들을 발생시킨다. 의전 담당자의 첫 번째 역할은 바로 이런 문제가 생기지 않도록 준비하는 것이다. 행사와 관련된 공간과 필요한 물품에 대한 시야를 최대한 넓혀서 꼼꼼하게 점검하는 물적 준비와 참가자들에 대한 정보를 접근 가능한 선에서 최대한 수집하는 인적 준비가 문제 발생을 방지하기 위한 노력이다. 하지만 당신의 이런 완벽해 보이는 준비에도 불구하고 현장에서는 언제든 변수가 발생할 수 있으므로 의전 담당자에게는 유연함과 순발력이 요구된다. 일단 문제가 발생했을 때는 침착해야 한다. 문제 해결을 위해 가장 먼저 해야 할 일은 상황을 파악하는 것인데 사람이 당황하게 되면 시야가 좁아지고 판단력이 흐려져 해결책을 절대 찾을 수 없다. 마음의 여유를 가져야 하는 이유다. 또한 자신이 계획한 의전이 바뀌는 것을 용납하지 못하는 경직성을 가지고 있어서도 안 된다. 의전의 형태는 상황에 따라 얼마든지 변형될 수 있다는 유연함을 가져야 문제 상황에서 최선의 해결책을 찾을 수 있기 때문이다. 최선의 해결방법을 찾았다면 그 즉시 참가자들에게 설명하거나 양해를 구한 후 지체 없이 적용해야 혼란의 시간을 최소화할 수 있다. 이유를 알 수 없는 혼란보다 양해를 구해오는 불편이 더 낫다.

의전은 분명 이해관계를 바탕으로 치르는 격식이다. 하지만 의전의 뜻이 이토록 딱딱한 느낌을 주는 개념일지라도 인간적인 접근이 있느냐 없느냐에 따라 당신이 준비한 의전과 매너가 더 빛을 발할 수도 있고 준비한 만큼 빛을 발하지 못할 수도 있다. 우리가 인간적인 배려와 따뜻함을 잃어서는 안 되는 이유다.

잘 준비된 의전은 따뜻하고 즐거우며
멋지고 아름답기까지 하다.

당신이 구사한 좋은 의전은
당신의 비즈니스를
성공의 방향으로 이끌어줄 것이다.

03

BUSINESS MANNERS

센스 있는

방문자

맞이와

에스코트

매 - 너

사람을 안전하게 보호하거나 안내하는 일을 의미하는 에스코트. 당신의 직업이 경호원이나 안내요원이 아닐지라도 에스코트는 결코 남의 일이 아니다. 단어가 갖는 거창함과는 달리 에스코트는 매우 일상적인 행위이기 때문이다. 당신의 집에 놀러 오는 친구를 데리러 지하철역으로 마중 나가는 일, 사랑하는 사람과 맛있는 식사를 하기 위해 미리 예약해둔 레스토랑으로 함께 이동하는 일, 회의하러 당신의 회사를 찾아오는 거래처 파트너를 회의실로 데리고 오는 일과 같이 당신은 이미 일상에서 크고 작은 에스코트를 구사하며 살고 있다.

에스코트를 당신의 비즈니스에서 적극적으로 활용해야 하는 이유는 간단하다. 상대방에게 육체적 편의와 심리적 편의를 제공하기 때문이다. 낯선 공간과 상황에서 어디로 가야 할지 몰라 우왕좌왕해 본 경험이 있다면 그때의 당혹감을 이해할 것이다. 목적지를 찾기 위해 쉴 새 없이 두리번거려야 하며 이곳저곳으로 발걸음을 옮기느라 바쁘다. 엘리베이터는 왜 그리 더디게 움직이는 것처럼 느껴지는지. 기다림 끝에 올라탄 엘리베이터가 내가 가려는 층을 가지 않아 뻘쭘하게 내리기라도 한다면 회의를 시작하기도 전에 이미 지쳐버린다. 당신의 에스코트는 이런 상대방의 불필요한 움직임들을 제거해주는 육체적 편의를 제공한다. 여기에 더해 자신이 대우를 받고 있다고 느끼게 함으로써 심리적 편의를 제공하는 역할까지 한다. 낯선 공간에서 스스로 목적지를 찾아가야 하는 사람과 누군가의 친절한 안내를 따라가기만 하면 되는 사람에게 부여되는 중요도는 다르다. 당연히 후자의 경우가 더 높은 중요도를 가진 사람으로 느껴지게 되며 사람은 누구나 인정받고 싶은 욕구를 가지고 있기 때문에 기분이 좋아지는 것은 당연하다. 중요한 회의를 앞두고 참석자의 기분을 좋은 상태로 만드는 것은 무엇보다 가장 중요한 회의 준비. 당신이 만나는 사람의 기분을 좋게 만드는 손쉬운 방법을 알아보자.

어디서 만나고
헤어질 것인가?

서울 한 기업의 지점 사무실에 미팅을 위해 방문한 적이 있다. 지하 주차장에 주차하고 그날 미팅 상대인 지점장에게 전화했다.

"지점장님, 도착해서 지하 3층에 주차했습니다. 어디로 가면 될까요?"

언제나 친절했던 지점장님의 에스코트가 시작됐다.

"강사님 오셨어요? 지하 3층에서 엘리베이터 타시고 1층으로 오시면
안내데스크가 있습니다. 거기서 신분증 내시고 방문증 받으시면 되고요.

데스크 왼쪽에 있는 엘리베이터 타셔서 8층으로 올라오시면
오른쪽이 저희 회사입니다. 그 방향으로 오셔서
안쪽으로 쭉 들어오시면 됩니다. 잠시 후에 뵙겠습니다."

그렇다. 다소 말이 빨랐던 지점장의 에스코트는 마치 랩을 쏟아 뱉는 래퍼처럼 막힘이 없었다. 랩의 가사를 곱씹으며 감상하듯 알려준 방법대로 사무실 그의 책상 근처까지 도착했고 나를 발견한 지점장은 환한 웃음을 지으며 반갑게 맞이해주었다.

에스코트의 시작과 끝은 만나고 헤어지는 순간이다. 그리고 만나고 헤어지는 지점에 따라 손님이 느끼는 감정선은 크게 달라진다. 나를 친절하게 맞이했던 지점장에게는 몇 가지 옵션이 있었다.

☐ 지하주차장에서 1층으로 올라오는 엘리베이터 앞에서 맞이하기
☐ 1층 로비 안내데스크 앞에서 맞이하기
☐ 8층 엘리베이터 앞에서 기다렸다가 맞이하기
☐ 사무실 입구에서 맞이하기
☐ 자신의 책상 앞에서 맞이하기

지점장은 안타깝게도 사무실에서, 그것도 자신의 책상 바로 앞에서 맞이하였다. 에스코트의 관점에서 가장 좋지 않은 선택을 한 것이다. 만나고 헤어지는 지점이 뭐그리 중요하냐고 반문할 수 있지만, 앞서 말했듯이 이는 중요도를 나타낸다. 우리나라 행정기관의 의전편람에는 단체장의 영접 포인트가 도표로 적혀 있다. 가장 중요도가 높은 방문자는 차에서 내리는 하차 선에서 맞이하며, 가장 중요도가 덜한 방문자는 행사장 내부에서 맞이한다. 즉, 중요도에 따라 움직여야 하는 수고로움의 양이달라진다는 의미다. 당연히 당신의 수고로움이 커지면 커질수록 방문자의 즐거움도따라서 커진다. 그렇다고 무조건 모든 상황에서 회사 건물 현관 밖까지 뛰어나가라

는 의미는 아니다. 모두가 바쁘게 회의 준비를 하고 있는데 최고의 에스코트를 해야 한다는 사명감으로 하던 일을 내팽개치고 현관으로 달려간다면 정작 만남의 본질인 회의에 차질을 빚게 될 뿐만 아니라 동료들의 따가운 눈초리도 감당해야 할 것이다.

"최대한 빨리 만나고 최대한 늦게 헤어질 것."

언제나 현관 밖으로 나가야 하는 것은 아니니, 특정 지점에 대한 부담은 내려놓아도 좋다. 당신에게 주어진 상황 아래서 최대한으로 멀리 나갈 수 있는 지점까지 움직이는 것만으로 훌륭한 에스코트가 될 수 있다.

회사를 방문한 손님의 에스코트를 위해 몸을 움직여야 하는 이유는 또 있다. 누군가에게는 당신을 만나기 위해 목적지로 향하는 길이 어려울 수 있기 때문이다. 매일 출근하는 회사 공간이 익숙한 당신은 말로써 에스코트를 해도 어렵지 않게 찾아올 수 있을 것이라고 생각하겠지만, 당신의 회사에 처음 방문한 누군가에게는 여러 갈래의 길과 여러 대의 엘리베이터가 주는 혼란 속에 쉽지 않은 여정이 될 수도 있다. 배려는 나의 입장이 아니라 상대의 입장에서 생각하는 것부터 시작된다는 사실을 기억하자.

귀하게 대접하면
마음이 열린다

1 누가 맞이할 것인가?

A 기업의 B 과장은 거래처 담당자와 중요한 회의를 앞두고 있었다. 이번 회의를 잘 마치면 회사에 의미 있는 성과를 안겨줄 수 있다는 기대감으로 준비에 열을 올리고 있던 그때, 회사 대표가 회의실로 들어왔다.

"B 과장님, 회의 준비 잘 되고 있나요?"
"예! 대표님! 준비는 끝났고 거래처 담당자가 곧 도착할 예정입니다."
"이번 계약 중요한 건이죠? 그럼 저랑 같이 내려가시죠."

거래처 담당자가 회사 근처에 다다랐다는 연락을 받고 B 과장은 대표와 함께 1층 로비로 내려갔다. 도착한 상대측 직원에게 대표는 친절하게 인사를 건넸다.

"안녕하세요, 과장님. 처음 뵙겠습니다.
B 과장님 통해서 말씀 많이 들었습니다. 회의실로 가실까요?"

담소를 나누며 회의실에 도착한 대표는 마지막으로 인사를 건네고 돌아섰다.

"그럼 과장님,
잘 부탁드리겠습니다.
저는 다음에 또 인사드리겠습니다."

B 과장이 한 일은 미소 띤 얼굴로 대표와
손님의 뒤를 따르는 것과 좋은 대표님이라는
거래처 담당자의 칭찬에 전적으로 동의하는
것뿐이었다. 이후 진행된 회의는 어땠을까?
당연히 성공적으로 마무리되었다.

비즈니스에 있어서 사용할 수 있는 전략은 무수히 많다. 그리고 모든 전략이 막대한 비용과 에너지를 요구하는 것은 아니다. 때로는 사소한 마음과 태도가 훌륭한 전략이 될 수 있다. 손님을 영접하고 배웅하는 사람의 직위를 활용하는 것도 그중 하나다. 사람에게는 누구나 기대 심리가 있는데 당연히 여기는 정도를 의미한다. 당연히 나를 맞이할 것이라 생각한 과장과 함께 그 회사의 대표가 자신을 안내한다면 긍정적 방향으로 기대 심리를 깨뜨리는 효과가 있다. '이 회사는 나를 또는 나의 회사를 중요하게 생각하는구나.', '나와 함께 하는 비즈니스를 귀하게 생각하는구나.'라는 생각을 갖게 하기 때문이다. 오히려 이 전략을 반대로 활용할 수도 있다. 전략적으로 상대방에게 나의 권위를 드러내야 할 때는 자신보다 아래 직위의 직원을 내려보낸다든가, 아예 사람을 보내지 않고 1층 데스크에 연락을 취해 입구를 통과해서 직접 찾아오도록 하는 방법을 쓰는 것이다. 가장 일반적이고 안전한 방법은 만나는 사람끼리의 직위를 비슷하게 맞추는 것이지만 때에 따라 상대방의 기분을 위해 그리고 나의 비즈니스를 위해 이 전략을 현명하게 활용할 필요가 있다.

<u>2</u> 어떻게 맞이할 것인가?

사무실에 출근하면 아마 많은 사람들이 가장 먼저 하는 일 중의 하나가 신발을 슬리퍼로 갈아 신는 일일 것이다. 불편한 구두 대신 편안한 착용감의 슬리퍼를 신으면 몸의 피로를 줄여 업무 효율을 조금이나마 높일 수 있기 때문이다. 하지만 슬리퍼를 다시 구두로 갈아 신어야 할 때가 있다. 바로 외부에서 온 방문자와 만날 때다. 비록 자신의 회사 내부에서 이뤄지는 에스코트나 회의라 하더라도 그 대상이 외부에서 온 손님인 경우에는 외출에 준하는 복장을 착용하는 것이 좋다.

사람을 만날 때의 복장 역시 상대방의 중요도를 의미하기 때문이다. 당신의 슬리퍼 차림이 아무렇지 않은 사람도 있을 수 있지만 누군가는 '내가 아니라 우리 회사 사장님이 왔어도 슬리퍼를 신고 나왔을까?' 라는 생각을 할 수도 있다. 만약 슬리퍼 사이로 보이는 당신의 양말이 회색 발가락 양말이거나 깜찍한 캐릭터가 그려진 양말이라면? 불행하게도 인간적인 민망함과 전문성의 하락을 피하기는 어려울 것이다.

에스코트와 관련해서 위치와 직위, 복장을 신경써야 하는 이유는 당신이 만나는 사람으로 하여금 자신이 중요한 사람이라는 느낌을 받게 하기 위해서다. 인정 욕구가 충족된 당신의 파트너는 분명 당신과의 비즈니스를 좋은 방향으로 진행하고 싶어할 것이다. 기억하자. 성공은 실무적인 능력과 인간적인 태도가 함께 만들어간다는 사실을.

안내자가 밖에서 버튼을 눌러 손님을 먼저 탑승시킨 후 뒤따라 탑승하고, 하차 시에는 손님이 먼저 하차한 후 안내자가 뒤이어 하차한다.

일상에서는 온전히 당신만을 위해 준비된 엘리베이터를 만날 일이 거의 없다. 엘리베이터 안에 사람이 많아서 버튼 앞자리로 이동이 어렵거나 빠르게 탑승해야 하는 상황이라면 바깥에서 버튼을 눌러 엘리베이터의 문을 잡고 손님을 먼저 탑승하도록 돕는 것이 좋다. 또한 이미 엘리베이터 안에 열림 버튼을 누를 수 있는 승무원이 있는 경우에도 이 순서를 사용한다. 의전 매뉴얼과 반대되는 순서지만 일반적으로 많은 사람들이 배려라고 느끼는 방법이기 때문에 이 순서의 에스코트를 사용하는 것도 좋은 매너가 된다. 하지만 이 경우에도 내릴 때는 항상 손님을 먼저 하차시켜야 한다.

에스컬레이터에서

올라갈 때나 내려갈 때나 항상 손님을 먼저 탑승시킨다.

에스컬레이터는 특성상 한 번 탑승하면 다시 원점으로 돌아오기가 거의 불가능하다. 물론 속도를 역으로 거슬러 돌아갈 수도 있지만 그러려면 적잖이 에너지를 써야 하고 다소 우스꽝스러운 모습도 감수해야 하기 때문에 누구도 그런 상황에 부닥치는 것을 원치 않을 것이다. 안내자가 먼저 탑승하면 손님에게 변수가 생겨 탑승하지 못하는 상황에 대한 대처가 어려워지므로 손님을 먼저 탑승시키고, 한두 계단 뒤에 서서 이동하는 것이 좋다.

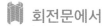 회전문에서

**안내하는 사람이 먼저 빠르게 진입해서
뒤따라오는 손님이 편하게 통과할 수 있도록 돕는다.**

　수동 회전문이라면 힘을 써서 회전문을 돌려야 하고 자동 회전문이라면 센서를 작동시켜 멈춰 있던 문이 정상 속도로 회전하도록 해야 한다. 때문에 안내하는 사람이 조금 빠른 걸음으로 먼저 진입하는 것이 좋다. 이 방법은 손님이 편안하게 회전문을 통과할 수 있도록 돕는 동시에 통과 후 안내를 자연스럽게 이어갈 수 있는 순서이기도 하다.

 보행 시

**안내할 때는 손님의 왼쪽 대각선 방향에서 두세 걸음 앞장서서,
수행할 때는 왼쪽 대각선 방향에서 두세 걸음 뒤에 서서 이동한다.**

　왼쪽에 서는 이유는 안내나 수행을 받는 사람(갑)을 상석인 오른편에 위치시키기 위함이다. 안내나 수행을 하는 내가 왼쪽에 위치함으로써 자연스럽게 상석인 오른쪽에 의전 대상자를 위치시킬 수 있다. 하지만 이런 원칙에도 불구하고 위험요소의 발생이나 촬영 카메라의 위치 등 현장 상황을 고려하여 필요하다면 대상자의 오른쪽 대각선 방향에서 에스코트해도 무방하다. 안내나 수행이 아닌 동등한 관계의 손님을 만나서 이동할 때는 나란히 서서 가벼운 대화를 나누며 목적지로 이동하는 것이 좋다.

　지금까지 살펴본 공간별 에스코트 요령에 더하여 당신의 에스코트를 돋보이게 할 팁을 전한다. 방향을 가리키거나 지형지물에 대한 주의를 전달할 때는 육성을 이용한 청각적 안내와 손바닥을 하늘로 향한 채 팔을 뻗어 가리키는 시각적 안내를

함께 사용하는 것이 좋다. 에스코트를 받는 사람으로 하여금 존중과 보호를 받고 있다는 느낌이 들도록 하기 때문이다. 또한 에스코트를 할 때는 이에 집중할 필요가 있다. 에스코트를 하는 과정에서 가장 흔히 하는 실수 중에 하나가 에스코트에 집중하지 않는 것이다. 손님을 모시고 가는 길에 마주친 직장동료와 대화를 나누거나, 이동하는 내내 통화를 한다면 손님의 기분이 어떨까? 이는 손님을 외롭게 방치하는 행동이다. 에스코트 중에 마주치는 동료와는 가벼운 눈인사만 나누자. 급하지 않은 통화는 잠시 미뤄두자. 낯선 공간에서 어색함을 느끼고 있는 손님이 안내자인 당신에게 의지하고 있다는 사실을 잊지 말고 에스코트 중에는 온전히 손님에게 집중하기를 바란다.

배려는 나의 입장이 아니라
상대의 입장에서 생각하는 것부터
시작된다는 사실을 기억하자.

04

BUSINESS MANNERS

알아두면 똑똑해지는 비즈니스 자리예절

Business

상석은 어디일까?

두 개 이상의 자리가 있다면 반드시 좋은 자리와 나쁜 자리가 존재한다. 이를 의전에서는 상석과 말석이라고 하는데 여기에서 좋고 나쁨은 절대적인 개념이 아닌 상대적인 개념이다. 분명히 상석인 이유와 말석인 이유가 존재하지만 그렇다고 해서 말석이 심각하게 불편한 자리라는 의미는 아니며 상석이 엄청난 편의를 갖춘 자리라는 의미도 아니다. 그저 여러 개의 자리 중에 조금 더 편하고 조금 더 불편한 차이가 존재할 뿐이다. 하지만 이런 작은 차이에도 불구하고 누가 어디에 앉느냐는 비즈니스 관계에서 꽤 중요한 의미를 갖는다. 때문에 상석과 말석을 구분하는 능력을 갖추는 것은 매우 중요하다.

상석의 요건 첫 번째, 벽을 등지고 앉는 자리이다. 사람에게 있어서 후방은 시야가 닿을 수 없는 불안의 공간이다. 벽을 등지고 앉는 자리는 이런 불안의 공간에 아무것도 존재하지 않는다는 안정감을 줄 수 있기에 상석으로 볼 수 있다. 두 번째, 출입문에서 먼 자리이다. 출입문은 사람들의 이동이 빈번하게 일어나는 공간이다. 이런 복잡함에서 최대한 멀리 떨어질 수 있기 때문에 상석이 된다. 세 번째, 출입문을 정면으로 바라보는 자리이다. 출입문이 사람의 뒤편에 있다면 시야가 닿지 않으므로 이동하는 사람이나 문에서 발생하는 소음의 원인을 곧바로 확인할 수 없고 고개를 돌려야만 한다. 따라서 출입문에서 일어나는 일들을 즉각적으로 확인할 수 있는 자리가 불안감이나 궁금증을 최소화할 수 있기 때문에 상석이 된다. 네 번째, 경치나 시야가 좋은 자리이다. 보기 좋은 경치는 사람에게 즐거움을 주는 요소이고 또한 가까이에 벽이 보이는 좁은 시야보다는 넓게 트인 시야가 상대적으로 편안함을 주는 요소이기 때문에 상석이 된다. 따라서 창가 자리는 모든 상황에서 상석의 자격을 갖는다. 다섯 번째, 중앙 자리이다. 중앙 자리는 가장자리보다 상대적으로 주목

도가 높기 때문에 상석이 된다.

　의전 능력을 키우기 위해 특정 그림들을 보며 상석의 위치를 파악하는 훈련을 하는 것도 도움이 되지만 위의 상석 요건들을 기억하는 것이 더 중요하다. 현실에서 당신이 만나게 될 공간들은 문의 위치나 개수, 책상의 형태, 공간의 모양 등이 다양할 것이다. 그러니 어떤 형태의 공간이라도 위의 상석 요건들을 대입한다면 적절한 자리 배치가 가능하다.

A 기업의 의전 담당자는 곧 있을 중요한 미팅 준비로 한창 바빴다. 자기 회사의 대표까지 참석할 만큼 중요한 외부 손님과의 미팅이었기에 평소보다 조금 더 신경을 쓰고 있었다. 회의실 자리에 참석자들의 명패를 올려놓기 위해 상석의 요건을 떠올렸고 게스트(갑)의 자리를 출입문에서 먼 안쪽으로, 호스트(을)인 자신의 대표 자리를 그 맞은편으로 설정했다. 회의 시작을 앞두고 대표는 점검차 준비가 완료된 회의실을 방문했고 자리 세팅을 본 후 담당 직원에게 말했다.

> "오늘 날씨가 이렇게 좋은데 손님 자리를
> 경치가 잘 보이는 자리로 옮기는 게 좋겠네요."

사실 회의실은 그 건물에서 가장 전망이 좋은 높은 층에 위치한 곳인 데다 한쪽 벽면이 모두 유리창으로 되어 있었다. 게다가 때마침 화창한 날씨 덕분에 창밖으로 멋진 풍경이 펼쳐져 있었다. 대표의 말을 들은 담당자는 명패를 옮겼다. 하지만 속으로는 걱정이 앞섰다.

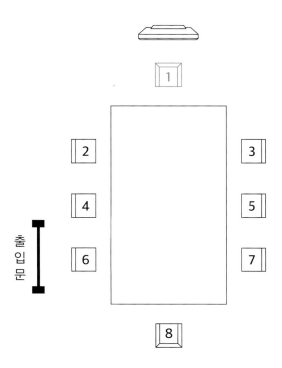

　내부 직원끼리 회의를 할 때는 참석자 중 가장 직위가 높은 사람의 자리를 최상석 1번으로 설정하고, 이후 직위 순으로 오른쪽과 왼쪽을 번갈아 가며 적용하면 된다. 즉, 1번 ⇨ 2번 ⇨ 3번 ⇨ 4번 ⇨ 5번 ⇨ 6번 ⇨ 7번 ⇨ 8번 순으로 배치하는 것이다. 이 순서라면 최상위자의 맞은편 8번 자리에 가장 하급자가 앉게 되므로 때에 따라 8번 자리를 비우는 것도 가능하다.

　모니터를 활용하여 회의를 진행할 때는 모니터가 정면으로 보이는 8번 자리가 최상석이 된다. 몸의 움직임을 최소화하면서 용무를 볼 수 있는 위치이기 때문이다. 그 다음은 마찬가지로 오른쪽과 왼쪽을 번갈아 가며 7번 ⇨ 6번 ⇨ 5번 ⇨ 4번 ⇨ 3번 ⇨ 2번 ⇨ 1번 순으로 배치하면 된다. 이때 모니터 아래 자리인 1번은 참가자들의 시야를 가릴 수 있으므로 비우는 것이 좋다.

<u>2</u> 행사장에서

행사를 위한 공간에서의 상석은 중앙 자리이다. 만약 좌석 수가 짝수라면 정중앙이 존재하지 않으므로 중앙의 오른쪽이 최상석이며 중앙 왼쪽 자리가 차상석이 된다.

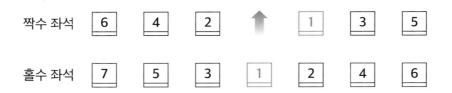

원형 테이블로 구성되어 있는 행사장이나 연회장이라면 무대에서 가까운 중앙 테이블이 상석 테이블이 되며 무대를 정면으로 보는 좌석이 그 테이블의 상석이 된다.

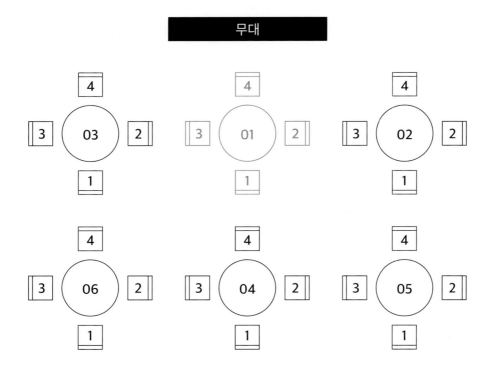

3 자동차에서

운전 요원이 있을 때

관계자가 운전할 때

자동차에서의 상석은 운전기사나 택시 기사 같은 전문 운전사가 존재하는 경우와 관계자가 운전하는 두 가지 경우에 다르게 적용된다. 전문 운전사가 운전할 때는 승하차가 용이한 운전석 대각선 뒷자리가 최상석이며, 뒷좌석의 가운데 끼인 자리가 말석이다. 반면에 상사, 동료, 거래처 직원 등 관계자가 직접 운전할 때는 수행이나 소통이 용이한 운전석 옆자리가 상석이다.

4 버스에서

버스에서는 창가 자리 중에 승하차 시 이동 거리가 짧으면서 동행자들의 승하차에 영향을 가장 덜 받는 1번 자리가 상석이다.

5 엘리베이터에서

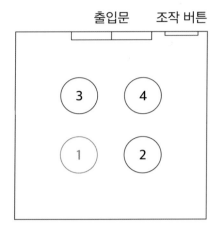

출입문   조작 버튼

엘리베이터에서는 문의 오른쪽에 조작 버튼이 있다고 가정할 때, 1번이 최상석이다. 조작 버튼 앞이 안내자의 자리가 되고 그 반대편 뒷자리가 게스트의 자리가 되기 때문이다.

비록 최근에는 엘리베이터에 조작 버튼이 문 양쪽에 있는 경우가 많지만, 여전히 오른쪽 조작 버튼이 메인이기에 그림의 순서대로 상석을 적용하고 있다. 하지만 현실에서는 이 상석 순서를 적용하기 어려운 경우가 있다. 다른 사람들과 함께 엘리베이터를 이용할 때, 에스코트 대상자를 대각선 뒤에 위치시키면 안내자와 대상자 사이에 다른 사람들이 존재하기 때문에 에스코트가 어려워진다. 이럴 때는 대각선이 아닌 버튼 앞 안내자와 가까운 쪽 뒤편(2번)에 게스트를 위치시키는 것이 이동 간 소통이나 하차 시 에스코트 측면에서 유리하다.

6 기차에서

모든 탈것에서는 창가 자리가 상석이다. 순방향과 역방향이 함께 있는 4인석 자리에서는 기차의 진행 방향보다 창문이 상석의 우선 요건이 되므로 상석의 순서는 그림과 같다.

창문

만약 역방향 창가 자리인 2번에 앉은 사람이 불편함을 호소하며 자리 변경을 요청한다면 순방향 창가 자리 1번에 앉은 사람이 아닌 순방향 복도 자리 3번에 앉은 사람과 자리를 바꿔야 한다.

← 진행 방향

7 비행기에서

좌석이 나란히 2개인 경우에는 창가가 상석이다. 좌석이 3개인 경우에는 창가가 최상석이며, 복도 쪽 자리와 가운데 자리가 순서대로 그 다음이다. 하지만 비행기의 좌석 특성상 창가 좌석은 이동이 어려운 측면이 있다. 특히 장거리 비행 시에 불편함이 발생할 수 있는데 이럴 경우에는 상석에 앉게 되는 최상위자의 의중을 미리 확인해서 좌석을 유동적으로 배치하는 것이 좋은 방법이다. 양쪽에 창가가 없는 중간 좌석에서는 양쪽 복도 쪽 좌석이 상석이고 그중 출입문과 가까워 빠르게 타고 내릴 수 있는 왼쪽 복도 쪽이 최상석이다.

어디에 앉아서
기다려야 할까?

오래 유지하던 보험에 대해 상담을 받기 위해 보험회사의 담당자를 만나기로 했다. 고맙게
도 담당자가 내가 있는 곳으로 와주기로 하여 사무실 근처의 카페를 약속 장소로 잡았다.
약속 시간에 맞춰 도착한 카페에는 담당자가 먼저 도착해서 자리를 잡고 앉아서 나를 기
다리고 있었다. 그리고 그가 앉은 자리는 출입문에서 가깝고 벽을 바라보며 앉는 말석이
었다. 그에게 다가가 반갑게 인사를 건네고 본격적인 상담을 시작하기 전에 나는 물었다.

"팀장님, 그런데 왜 그 자리에 앉아 계셨어요?"
"네? 당연히 고객님이 편안한 자리에 앉으셔야죠."

약속 장소에 도착한 당신. 상석과 말석 중 어디에 앉아서 파트너를 기다리는 것이 좋을까? 만약 당신이 이런 고민을 하고 있다면 그 자체만으로 칭찬을 건네고 싶다. 그만큼 매너를 중요하게 생각한다는 뜻이며, 상대를 배려하려는 마음을 가지고 있다는 증거이기 때문이다. 이 고민에 대한 정답은 없다. 출입문이 정면으로 보이는 상석에 앉아 기다리는 것은 약속 장소에 들어오는 파트너를 즉각 알아보고 일어서서 인사를 건넬 수 있다는 효용이 있다. 파트너와 인사를 나눈 후에 자리를 말석으로 옮기면 될 일이다. 반면에 출입문을 등지고 앉는 말석에 앉아 기다리는 것은 상대로 하여금 '이 사람은 나를 위해 상석을 양보하고 있구나.'라는 생각을 하게 한다. 존중과 배려를 받고 있다는 느낌을 전달하는 효용을 얻는 것이다. 이처럼 두 가지 방법 모두 나름의 효용을 가지고 있기 때문에 어느 것도 틀리지 않지만 개인적으로는 후자의 방법을 추천한다. 전자의 효용보다 후자의 효용이 상대적으로 더 크기 때문이다. 그래도 파트너를 빨리 발견하고 싶다면 수시로 고객을 돌려 확인하면 된다. 설령 당신이 파트너를 발견하지 못했다고 하더라도 약속 장소에 도착한 파트너는 알아서 당신을 발견하고 다가와서 인사를 건넬 것이다. 게다가 상석에 앉아서 커피라도 한 잔 마시면서 서류를 보고 있었다면 인사 후에 말석으로 옮기면서 커피잔과 종이들을 챙겨서 이동해야 하는 부산스러움이 발생하지 않는가. 이런 이유들로 미리 말석에 앉아서 당신의 파트너를 기다리는 것이 더 효과적일 수 있다.

5

3721   **6**

상석과 말석은 상대적인 개념이다.
여러 개의 자리 중에 조금 더 편하고
조금 더 불편한 차이가 존재할 뿐이다.

상석의 요건을 지키는 것도 중요하지만,
모든 것은 상대를 생각하는 마음에서 출발해야 한다.

05

BUSINESS MANNERS

좋은관계를
만 드 는
비 즈 니 스
인 사 법

좋은 인사에 담긴
두 가지 요소

인사팀에 전화가 울렸다. 전화를 건 사람은 회사의 대표. 그는 직원들에게 비즈니스 매너를 교육하라는 지시를 내렸다. 회사의 대표가 직접 교육을 지시하게 된 이유는 이랬다. 그날 오전 대표는 회사 복도를 걷다 맞은편 코너에서 등장한 직원 A와 마주쳤다. 그런데 A는 대표를 발견하고 눈이 마주치자 당황하며 그대로 돌아서서 가버렸다. 도망이라고 표현해도 좋을 행동이었다. 대표가 교육을 지시한 이유는 단순히 자신에게 인사를 하지 않아서는 아니었다. 같은 회사의 동료인 자신에게도 인사를 하지 않는 직원이 회사를 방문한 손님과 마주쳤을 때 과연 인사를 할 수 있을까 하는 걱정 때문이었다.

기초가 되는 기술이라는 뜻의 기본기. 모든 분야에서 기본기가 중요하듯이 비즈니스에서도 기본기는 중요하다. 인사는 바로 비즈니스 매너의 기본기이다. 그렇기 때문에 많은 사람들은 당신의 인사 매너를 보고 당신이 얼마나 기본이 되어 있는 사람인가를 판단한다. 좋은 인사란 어떤 것일까?

"저 친구는 인사성이 참 밝아."
"저 친구는 인사 참 잘해."

우리가 어떤 사람에게 이런 칭찬을 건네는지 생각해보면 무엇이 좋은 인사인지 짐작할 수 있다. 우선 '많이' 해야 한다. 너무 당연한 이야기지만 인사의 양이 많으면 많을수록 인사를 잘하는 사람이 된다. 그만큼 다른 사람에게 눈에 잘 띄기 때문에 인사의 양을 늘려야 한다. 인사를 많이 해서 득이 되면 됐지 손해가 되는 경우는 없다. 많이 인사하려면 필수로 해야 하는 인사를 놓치지 않아야 한다. 당신이 회사에 머무르는 하루 동안 반드시 해야 하는 인사는 두 번이다. 출근할 때 그리고 퇴근할 때. 조금 더 나아가 점심 식사 시간을 포함시킬 수도 있다. 식사하러 갈 때 맛있게 먹으라는 인사와 식사를 마치고 돌아와 식사는 잘했는지 묻는 가벼운 인사가 그것이다. 이렇게 반드시 해야 하는 필수 인사를 놓치지 않고 한다면 이제 더 이상 인사가 어렵지 않은 사람이 되어있을 것이다. 이때부터는 눈이 마주치는 모든 사람들에게 반갑게 인사를 건네 보자. 당신은 인사성 밝은 사람이 될 것이다.

인사의 양을 늘리는 것만큼이나 중요한 것이 바로 먼저 인사하는 것, 즉 인사의 질을 높이는 것이다. 하루 백 번이라는 엄청난 양의 인사를 했음에도 불구하고 그 인사가 전부 누군가의 인사에 대한 답이었다면 상대적으로 인사의 의미가 떨어진다. 인사는 먼저 했을 때 온전히 그 사람의 인사성으로 연결되기 때문이다. 일반적으로는 직급이 낮은 사람, 나이가 어린 사람이 반대편의 사람에게 먼저 인사를 건네는 것이 예의로 여겨지지만 사실 상대를 발견한 사람이 먼저 건네는 것이 더 좋다. 상급자나 연장자가 아랫사람에게 먼저 인사를 건네는 것은 자신의 권위를 실추시키는 것이 아니라 오히려 그 사람이 가진 조건에 상관없이 모든 사람을 한 명의 인격체로서 존중하는 멋진 리더십이다. 신입사원에게 먼저 반갑게 인사를 건네는 대표, 상상만 해도 멋지지 않은가.

인사를 많이 하고 먼저 하는 것이 뭐 그리 어려운 일이라고 매너의 한 부분으로 배우기까지 해야 하는지, 당연한 것 아니냐고 누군가는 생각할지 모르지만 세상에는 인사가 어려운 사람들이 있다. 내성적이고 부끄러움이 많은 성격을 가진 사람에게는 인사의 양과 질을 갖추는 것이 결코 쉽지 않기 때문이다. 인사에도 용기가 필요하다. 세상 모든 일이 그러하듯 인사 역시 처음에는 어색하고 힘들지라도 반복해서 하다 보면 어느새 인사가 아무렇지 않은 생활의 일부가 된 자신을 발견하게 될 것이다.

상황에 따라
달라지는 인사

때때로 인사성 밝은 사람이 되기 위한 의욕이 넘쳐 오히려 상대를 불편하게 만들 수 있다. 따라서 상황에 맞는 인사법을 익혀두어야 한다. 일반적으로는 허리를 숙이는 각도에 따라 15도의 묵례, 30도의 보통례, 45도의 정중례로 나눈다. 하지만 이는 참고사항일 뿐이다. 당신의 몸에 각도기가 부착되어 있지 않으므로 각도라는 숫자에 부담을 갖지 말고 허리가 숙여지는 정도에 따른 느낌을 고려하여 인사를 실천하는 것이 좋다.

1 눈인사와 고갯짓

당신이 일터에서 가장 많이 해야 하는 인사다. 인사 방법들 중 시간과 공간의 제약이 가장 적기 때문이다. 이동 중에 마주친 사람을 지나칠 때, 자주 마주칠 때, 눈이 마주친 상대방이 통화나 대화를 하고 있을 때, 화장실에서 마주쳤을 때 등 수시로 가볍게 건넬 수 있는 인사다. 비록 인사의 형식은 가볍지만 그 의미는 결코 가볍지 않기 때문에 습관화한다면 당신의 비즈니스에 많은 도움이 될 것이다.

2 허리를 적당히 숙이는 인사

허리와 고개를 숙이는 인사는 정지 상태에서 해야 하기 때문에 시간적, 공간적 여유가 확보되었을 때 할 수 있다. 회사에 방문한 손님을 맞이하거나 배웅할 때, 상사에게, 감사를 표현하거나 사과를 할 때 등이 그런 경우다. 멈춘 상태에서 적당히 허리와 고개를 숙이는 인사는 정중함을 표현하는 보통의 경우에 사용하는 인사다.

3 허리를 많이 숙이는 인사

허리와 고개를 조금 더 많이 숙이는 인사는 현격한 직급의 차이, 연령의 차이가 있는 경우에 정중함을 표현하는 인사다. 또한 깊은 감사나 사과를 표현할 때도 사용하면 좋다.

4 90도 인사

주로 큰 호의를 받았을 때의 감사, 심각한 잘못을 저질렀을 때의 사과 표현으로 사용하는 인사다. 또한 대중을 상대로 하는 직업을 가진 사람들이 많은 사람들을 향해서 하는 인사이기도 하다. 이렇듯 아주 특수한 경우에 사용하는 인사법으로 상대에게 부담을 줄 수 있으므로 일상적인 비즈니스 환경에서는 사용하지 않는 것이 좋다.

자신감과 신뢰감을
전하는 악수

비즈니스에서의 가장 좋은 인사법은 악수다. 악수는 단순히 손을 잡고 흔드는 행위가 아니라 인사이므로 항상 반갑게 해야 한다. 때로는 상대에게 설령 좋지 않은 감정을 가지고 있다 하더라도 공적인 비즈니스를 위한 만남에서 악수를 하며 반가움을 표현해야 할 때도 있다. 차라리 악수를 하지 않을지언정 악수를 할 때는 반갑게 해야 한다.

신입사원 A는 얼마 전 회사 생활을 시작한 이후로 첫 번째 실수를 했다. 상사를 수행해서 거래처 직원을 만난 자리에서 나누는 악수에서 왼손을 내민 것이다. 평생을 왼손잡이로 살아온 A에게는 왼손을 내미는 것이 자연스러운 일이었지만, 거래처 직원이 오른손을 내밀었기 때문에 악수를 할 수 없는 상황이 되어버렸다. 급히 왼손을 거두고 오른손을 내밀어 악수를 했지만 회사로 돌아오는 길에 상사에게 지적을 받았다. A는 불만을 속으로 삼켰다.

'모를 수도 있지. 왼손잡이 무시하나? 왜 오른손으로만 악수를 해야 하는 거야?'

악수는 일어서서 무조건 오른손으로 해야 한다. 이것은 전 세계 공통의 매너이므로 당신이 왼손잡이여도, 오른손이 못생겼어도 관계없이 반드시 오른손을 내밀어야 한다. 일반적으로 전 세계 인구 중 오른손잡이와 왼손잡이의 비율을 9:1로 판단한다. 이 말은 당신이 비즈니스를 하며 만나게 되는 사람들 대부분은 오른손잡이일 확률이 압도적으로 높다는 뜻이다. 왼손을 주로 쓰는 사람들에게는 미안하지만 이런 현실을 고려했을 때 악수 매너를 오른손으로 통일하는 것이 합리적이라 할 수 있다. 또한 악수의 유래가 당신을 해칠 마음이 없음을 표현하기 위해 내 손에 무기가 없다는 것을 보여주기 위한 행동이었고 주로 오른손으로 무기를 들었기 때문에 자연스럽게 오른손으로 악수하는 문화가 자리 잡았다는 점도 현대 사회의 악수 매너를 뒷받침해 주고 있다. 특히나 특정 문화권에서는 왼손을 터부시하는 관습이 있기 때문에 왼손을 내밀지 않도록 더욱 주의해야 한다.

그럼 악수는 누가 먼저 청해야 할까? 악수는 일반적으로 '갑'이 먼저 손을 내밀었을 때 성사가 된다. 신입사원이 격려차 방문한 대표에게 호기롭게 자기소개와 함께 두 손으로 공손히 악수를 청한다면 악수의 순서에 맞지 않는 것이 된다. 일상의 사교에서 처음 만난 여성에게 반가운 마음을 담아 다짜고짜 손을 내밀어 악수를 청하는 것 역시 순서에 맞지 않는 것이 된다. 특히나 상대적으로 악수가 일상적인 인사법인 서양에 비해 우리나라를 비롯한 동양 문화권에서는 악수의 순서를 조금 더 신경 쓸 필요가 있다. 악수를 청하는 순서가 정해져 있는 이유는 악수가 동등한 관계에 있는 사람들끼리의 인사법으로 생겨났기 때문이다. 자신보다 지위가 높은 왕, 귀족, 종교 지도자들에게는 악수가 아닌 허리를 숙이는 인사를 하거나 발등과 손등에 입을 맞추는 인사법을 사용했다. 군대에서는 자신보다 계급이 높은 상관에게 악수가 아닌 경례라는 인사법을 사용한다. 악수가 가지는 이러한 태생적 특성이 현대사회에 이어져 청하는 순서가 된 것으로 보는 것이 유력한 정설이다. 따라서 당신이 악수를 성사시킬 수 있는 권한을 가진 '갑'의 위치에 있다면 당신을 배려해서 손을 뻗지 않고 있는 '을'을 위해 따뜻하게 손을 자주 뻗어 악수를 많이 나누는 것이 좋은 매너이자 리더십이다. 또한 동등한 관계의 파트너를 만날 때는 먼저 인사를 건네는 의미로 자신 있게 손을 내밀어 악수를 청하는 것이 좋다.

악수는 피부의 접촉이기 때문에 느낌이 직접적으로 전달된다. 악수가 예정되어 있다면 자신의 손을 보송보송하게 청결히 하는 것이 필요한 이유다. 축축하고 끈적한 손을 잡는다면 누구라도 찝찝한 기분이 들 것이다. 상대의 손을 잡는 힘도 중요하다. 악수를 통해 자신의 악력을 과시할 필요는 없다. 너무 세게 잡는 것은 상대를 아프게 하는 동시에 당황하게 한다. 반대로 힘이 전혀 없고 흔들림도 없는 '죽은 물고기 악수 Dead Fish Handshake' 역시 좋지 않은 악수다. 이 흐물거리는 악수는 당신을 자존감과 의욕이 결여된 사람으로 보이게 만들기 때문이다. 악수는 자신감과 신뢰감을 전달하는 효과적인 수단이다. 따라서 손과 손을 단단히 결합해야 한다. 손끝이나 손가락만을 잡거나 내어주는 것은 비즈니스에 어울리는 악수가 아니다. 엄지와 검지 사이의 골과 골이 만나도록 잡고 적당한 힘을 주어 가볍게 두세 차례 흔드는 것이 이상적인 비즈니스 악수다.

앞서 말했듯이 악수는 서양의 인사법이다. 그들은 허리를 꼿꼿하게 세우고 한손으로 서로의 눈을 바라보며 미소 띤 얼굴로 악수를 나눈다. 그러나 우리나라의 악수는 조금 다르다. 윗사람과 악수할 때는 허리를 굽히고 두 손으로 시선을 아래로 떨어뜨린 채로 공손히 나누는 것이 상대에게 예의를 표하는 방법이다. 그렇다면 '원조'인 서양과 다른 우리나라식 악수 방법은 잘못된 것일까? 경직된 상하 관계를 반영하는 구시대적인 잘못된 관행일까? 시대와 지역, 문화에 따라 얼마든지 매너의 형태와 가치가 변할 수 있다는 특성을 생각한다면 우리의 악수 방법을 틀렸다고 할 수 없다. 우리 사회의 구성원들이 가지고 있는 정서를 무시하고 '원조'의 방식을 고수하는 것은 상대에게 배려의 마음을 전달한다는 매너의 목적을 달성할 수 없기 때문이다. 서양의 비즈니스 파트너나 동등한 위치의 상대를 만났을 때는 서양식으로 악수하고, 우리나라의 상급자나 연장자를 만났을 때는 우리나라식 악수를 해야 하는 이유다. 당신이 만나는 상대에 따라 두 가지 악수 방법을 유연하게 구사할 줄 안다면, 진정으로 상대를 배려하는 멋진 매너를 갖췄다고 할 수 있지 않을까.

4

작지만 큰 의미를
지닌 명함

비즈니스에서는 사소한 것들이 의외로 사소하지 않은 의미를 가질 때가 있다. 나의 개인 정보가 담긴 작은 종이에 불과한 명함이 그런 것 중 하나다. 서양에서는 개인 정보가 담긴 카드 정도의 가벼운 의미를 가지지만 우리나라를 포함한 동양 문화권에서는 명함을 주인과 동일시하는 정서가 있기 때문에 상대의 명함을 받으면 격식을 차려 다루어야 한다.

'을'이 '갑'에게 먼저 건넨다.

명함을 건네는 것은 나의 정보를 밝히며 소개하는 의미를 가진다. 따라서 '을'의

당신이 만나는 상대에 따라
두 가지 악수 방법을 유연하게 구사할 줄 안다면,
진정으로 상대를 배려하는
멋진 매너를 갖췄다고 할 수 있지 않을까.

06

BUSINESS MANNERS

성공을 부르는

상호소개와

회의매너

두 사람을 자연스럽게 이어주는 상호소개

회사원 A는 자신의 상사인 B 과장과 회의 준비에 한창이었다. 곧 거래처 C 대리가 회의를 위해 방문했다. A 과장은 반가운 거래처 사람을 만났다는 사실에 들떠 C 대리와 가벼운 대화를 이어가다 문득 뻘쭘하게 서 있는 B 과장을 발견했다. 그동안 거래처와의 실무적인 소통은 A가 담당해 왔던 터라 B 과장과 C 대리는 처음 만나는 자리였던 것이다. A는 두 사람을 소개해 주지 않았다는 사실을 깨닫고, 급히 소개를 이어 나가려 했다. 하지만 그 순간, A는 말을 잇지 못했다.

"누구에게 누구를 먼저 소개해야 하지?"

매너에는 처음 만나는 두 사람을 소개하는 순서도 정해져 있다. 소개의 순서에 따라 두 사람의 관계적 서열이 결정되기 때문이다. 소개 순서를 쉽게 이해하는 두 가지 방법이 있다. 첫 번째는 누구의 궁금증을 먼저 해소해 줄 것인가를 생각하는 것이다. 처음 만난 두 사람은 자신의 앞에 있는 사람의 정체가 궁금하다. 궁금증은 무엇인가를 알지 못해서 생기는 답답한 마음이므로 불편한 감정이다. 누구의 불편함을 먼저 해소해 줄 것인가? 매너의 서열상 '갑'의 위치에 있는 사람의 궁금증을 먼저 없애야 하기 때문에 '을'을 '갑'에게 먼저 소개하는 것이 좋다. 만약 갑과 을의 위치가 애매해서 판단이 어려운 경우에는 친소관계를 기준으로 순서를 정하면 된다. 상대적으로 나와 더 가까운 관계에 있는 사람을 덜 가까운 관계에 있는 사람에게 먼저 소개하는 것이다. 따라서 회사원 A는 자신의 상사인 B 과장을 손님 위치에 있는 거래처 C 대리에게 먼저 소개해야 한다. 이것은 관념적인 이해 방법이다. 소개 순서를 쉽게 이해하는 실무적인 방법은 소개를 받는 '갑'의 호칭을 불러버리는 것이다. 그러면 뒤의 말은 자연스럽게 이어지게 된다.

"C 대리님! 이쪽은 저희 회사 B 과장님이십니다."
"과장님, 이쪽은 거래처 담당자이신 C 대리님이십니다."

소개를 주고받는 사람 간의 서열이나 친소관계가 적용되지 않는 예외의 경우가 있는데 바로 1대 다수가 마주한 경우다. 이 경우에는 소개 과정의 편의를 위해 개개인의 조건에 상관없이 한 명을 다수에게 먼저 소개한 후 다수의 사람을 한 사람씩 차례로 한 명에게 소개하는 것이 좋다.

이렇게 당사자들의 관계를 고려해서 적절한 소개를 했다면 두 사람의 공통분모를 화두로 던져주어 자연스럽게 대화를 이어 나갈 수 있도록 돕는 것이 좋다. 낯선 사람과의 대화가 모든 사람에게 쉬운 일이 아니기 때문이다. 공통의 취미나 취향, 과거의 협업 등이 좋은 소재가 될 수 있다.

당신의 집중도를 나타내는 또 다른 물건은 시계다. 시계를 자주 본다는 것은 지루함을 느낀다는 표현이거나 너무 바빠서 이 회의를 빨리 끝내고 싶다는 표현으로 여겨질 수 있다. 명품시계를 새로 장만했다면 반짝이는 시계를 연신 들여다보고 싶은 마음을 이해하지만, 의도치 않게 오해를 살 수 있으므로 조심해야 한다. 스마트폰과 시계를 잘 다루는 것은 동료들과의 회의를 존중하는 아주 멋진 매너라는 것을 기억하자.

3 회의는 최대한 짧게!

현대 사회의 많은 조직이 지닌 고민거리 중 하나는 어떻게 업무 회의를 효율적으로 진행할 것인가. 회의 공간을 다양화하고 좌석 배치를 자유롭게 하며 직위에 상관없이 발언의 자유도를 높이려는 등 끊임없이 고민한다. 이 모든 것은 결국 '짧은' 회의를 위한 노력이라고 해도 틀리지 않다. 회의는 업무 중간에 이루어지기 때문에 불필요하게 긴 회의는 시간을 낭비하고 짜증을 증가시킨다. 따라서 모든 구성원이 짧은 회의를 위한 노력을 해야 한다. 회의 자료는 사전에 배포하고 배포 받은 자료는 미리 숙지한 상태로 회의에 참석하는 것이 좋다. 회의 안건이나 주제를 모르고 참석하여 뒤늦게 파악을 시작한다면 동료들은 당신을 위해 쓰지 않아도 되는 시간을 써야 한다. 또한, 회의와 상관없는 불필요한 대화는 삼가야 한다. 회의에 참석한 사람들 중에는 일이 많아 1분 1초가 아쉬운 사람도 있고, 일이 별로 없어 심심한 사람도 있을 수 있다. 설령 당신이 회의 이후에도 별다른 업무가 없어 무료한 날이라 하더라도 회의에 참석한 동료들을 붙잡아 놓고 즐겁게 수다를 떠는 것은 눈치 없고 이기적인 사람이 되는 가장 확실한 방법이다.

4 정중한 태도와 경청

회의에 참석한 모두의 의견을 채택할 수는 없지만 존중은 해야 한다. 자신과는 다른 의견이라고 하여 "그건 아니지.", "모르고 하는 소리야."와 같은 강경한 부정의 표현을 즉각적으로 내뱉는다면 더 이상 자유로운 발언이나 원활한 의견 교환을 할 수 없게 만든다. 자신의 관심 분야가 아니라는 이유로 귀를 닫고 듣지 않는 것 역시 마찬가지다. 좋은 매너는 온몸으로 경청하고 있음을 표현하는 것이다. 말하는 사람을 향해 고개와 시선을 돌려 바라봐야 한다. 다른 사람의 발언 중에 시선을 떨군 채 의미 없는 낙서를 하거나 하품을 해서도 안 된다. 몸을 한껏 뒤로 젖혀서 앉는 자세보다는 바른 자세나 앞으로 기울인 자세가 정중함과 적극성을 표현할 수 있다. 또 사소한 부분이지만 모두 함께 음식을 먹으면서 회의를 하는 경우가 아니라면 혼자만 음식을 먹는 것도 주의해야 한다. 음식 냄새와 씹는 소리는 회의를 산만하게 만들며 참가자들의 집중도를 떨어뜨릴 수 있다. 내가 먹지도 않는 햄버거 냄새를 맡으면서 업무 이야기를 하고 싶은 사람은 아무도 없다.

지킬 건 지켜야 하는
비대면 회의 매너

회사 방침에 따라 처음으로 비대면 회의를 해야 했을 때 A 부장은 거부감이 들었다. 해외지사에 근무할 때 본사와의 소통을 위해 비대면 회의를 해본 경험은 있지만 그것은 어쩔 수 없는 것이었다. 가까이에 있는 사람들끼리는 역시 한 공간에 모여 회의를 진행하는 것이 최고의 방법이라고 생각했다. 하지만 세상도, 사람도 변했다. 여러 이유로 재택근무를 하는 직원들이 늘어났고 비대면 회의는 회사의 주요 소통 방법이 되었다. 필요한 장비와 프로그램을 세팅하고 서재 카메라 앞에 처음 앉았을 때만 해도 A 부장은 여전히 이것은 진정한 회의가 아니라고 생각했다.

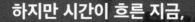

하지만 시간이 흐른 지금,

비대면 회의에 대한 그의 생각은 180도 달라졌다.
잠옷이지만 사복처럼 보이기도 하는 편한 옷차림을
해도 되는 점이 좋았고 서재에 놓인 물건들을 통해
낚시와 골프 등 자신의 취미를 은연중에
자랑할 수 있는 점도 좋았다. 관심도가 떨어지는
주제가 나왔을 때는 모니터에 주식 창을 띄워
팀원들 몰래 차트를 살피며 매매에 열중할 수도 있었다.
때로는 수려한 외모를 가진 자신의 아들, 딸을 불러
팀원들에게 소개하면서 듣기 좋은 반응을 얻는 것도
은근한 즐거움이었고 사랑스러운 고양이가 종종
카메라 앞으로 얼굴을 내밀 때면 모든 팀원들이
함박웃음을 짓게 되는 것도 좋았다.
비대면 회의를 멋지게 리드하는 자신 덕분에 팀원들도
업무 회의를 즐기고 있다는 생각이 들어 뿌듯했다.

현대 사회의 비즈니스에서 비대면 회의의 활용도는 날이 갈수록 높아지고 있다. 전 세계에 불어닥친 비극적인 바이러스는 사람들의 만남을 금지시켰고 이로 인해 회사가 아닌 각자의 집에서 근무하는 날들이 많아졌다. 자연스럽게 회의실이 아닌 자신의 방에 있는 컴퓨터 화면 앞에서 회의하는 경우도 늘어났다. 카메라와 마이크, 소프트웨어 등 화상 회의를 위한 장비들을 집집마다 구비하는 것이 그리 어려운 시대가 아닌 것도 비대면 회의가 활성화되는 이유 중의 하나이기도 하다. 물리적인 공간의 제약이 없다는 커다란 장점을 가진 비대면 회의는 이제 비즈니스에서 빠질 수 없는 필수 활동이 되었다. 따라서 비대면, 온라인 회의 매너를 익혀야 하는 것도 필수이다.

1 변수를 관리하자.

비대면 회의가 대면 회의와 다른 점은 상대적으로 다수의 변수가 존재한다는 것이다. 회의실에 모여서 하는 회의는 사람이 회의실에 도착하는 것으로 회의 준비가 끝나지만 비대면 회의는 사람과 더불어 서로를 연결해 주는 기계장치들이 함께 준비되어야 한다. 카메라, 마이크, 인터넷 연결 상태가 그것들인데 이 중 하나라도 문제가 생긴다면 정상적인 회의 진행이 어려워진다. 따라서 안정적인 회의를 위해 카메라와 마이크는 잘 작동되는지 매 회의 때마다 점검해야 한다. 회의 시간 1분 전에 회의 프로그램을 실행시켰더니 업데이트를 해야 한다는 알림이 뜬다면 당신은 영락없이 회의에 지각하게 된다. 예상치 못한 변수에 대응할 수 있도록 회의 시작으로부터 충분한 여유를 두고 모든 점검을 마치고 프로그램을 실행시켜 둔 채로 대기하는 것이 편안한 상태에서 회의를 시작할 수 있는 좋은 방법이다.

2 전문성을 잃지 말자.

누구에게나 집은 일상의 공간이고 가장 편한 공간이다. 침대에 누워 뒹굴뒹굴하다 회의 시작 1분 전에 몸을 일으켜 컴퓨터 앞에 앉을 수도 있고, 회의가 끝나면 1초만에 다시 침대에 누울 수도 있다. 비대면 회의는 당신이 원한다면 얼마든지 대충할 수 있다는 의미다. 하지만 비대면 회의를 대충하려는 사소한 당신의 태도는 당신이 쌓아온 전문성을 무너뜨릴 수 있다. 우리가 하는 것은 친구들과의 비대면 '회식'이 아니라 동료들과의 비대면 '업무 회의'라는 것을 기억하자.

카메라 화면 속 당신의 뒷배경에 전문성을 떨어뜨릴 수 있는 소품들을 치우고 업무와 관련되거나 공적인 느낌을 주는 소품들을 배치하는 것이 좋다. 가장 무난하고 좋은 배경은 책장이다. 텔레비전 프로그램에서 전문가들의 인터뷰 장면을 보면 대부분 책이 빼곡히 꽂혀 있는 책장을 배경으로 하는 경우가 많다. 책은 학구적인 느낌을 줄 뿐만 아니라 공적인 무게감을 실어주기 때문이다. 만약 책장이 없다면 적어도 사적인 용품들을 치워야 한다. 자녀의 육아용품과 장난감, 골프채나 낚싯대 같은 취미용품은 지극히 사적인 물건들이므로 화면에 보이지 않도록 하는 것이 좋다. 반려동물이나 자녀를 등장시키는 것 역시 공적인 회의에 어울리지 않는다. 이렇게 비대면 회의에서의 배경에 신경 써야 하는 이유는 나의 전문성과 더불어 회의에 참석한 사람들의 집중도를 떨어뜨리지 않기 위함이다. 배경이 적절치 않다면 온라인 회의 프로그램에서 제공하는 가상 배경들을 사용하는 것도 좋은 방법이다. 당연히 배경을 선택할 때도 최대한 업무 회의라는 특성에 어울리는 배경을 선택하는 것이 좋다. 귀엽고 앙증맞은 그림이 그려진 배경은 친구들과의 사적 소통에 더 어울린다는 사실을 잊지 말자.

배경 못지않게 당신의 복장도 중요하다. 집에서 입는 온전히 편한 복장은 업무를 위한 회의 복장으로는 어울리지 않는다. 특히 내부 동료들과의 회의가 아닌 외부 파트너와의 회의라면 더욱 그렇다. 회의 상대나 목적에 따라 완전한 정장 차림이 필요할 수도 있지만 대개의 경우에는 그 정도의 격식 있는 복장이 요구되지 않는다. 하지만 적어도 목이 늘어난 티셔츠, 누가 봐도 구김이 심한 옷, 화려한 프린트가 새겨진 옷 등은 스스로 피해야 한다. 만약 회의 중에 자리에서 일어날 가능성이 조금이라도 있다면 하의를 잘 챙겨 입어야 한다. 상의는 넥타이에 재킷까지 갖추고 하의는 맨발에 반바지를 입은 우스꽝스러운 모습은 나만 알아야 할 것이다. 이렇게 사소한 배경과 복장에 신경을 쓰는 것은 나의 이미지를 위한 노력이자 상대를 배려하기 위한 노력이다.

비즈니스는
혼자서만 할 수 있는 일이 아니다.

규모의 차이는 있지만
모든 비즈니스는 **협업의 예술**이라고 불러도
좋을 정도로 **타인과의 소통이 필수**다.

07

마음을

얻 - 는

비즈니스

대화의기술

사람들은 모두 대화를 한다. 그리고 스타일도 각양
각색이다. 목소리의 크기는 어떤지, 버릇처럼 반복적
으로 사용하는 단어나 표현이 있는지, 상대의 말을 얼
마나 오랫동안 들어줄 수 있는지, 어떤 표정을 지으며
듣는지, 말을 하거나 들을 때 어디를 바라보고 어떤
자세를 취하는지. 이 모든 것들이 대화의 스타일을 구
성하는 요소다. 당신은 어떤 대화를 하고 있는가? 대
화 스타일에 정답이 있을 수 없지만 분명 좋은 대화법
과 나쁜 대화법은 존재한다. 그리고 그 대화가 사교가
아닌 비즈니스 관계에 있는 사람 사이에서 이루어지
는 것이라면 좋고 나쁨은 더욱 명확히 구분된다. 보편
적으로 어떤 대화가 비즈니스 환경에서 좋은 대화로
여겨지고 있는지 알아보자.

비즈니스에서는
대화도 달라야 한다

01

앞서 강조한 비즈니스와 사교를 구분하는 능력은 대화에도 적용된다. 비즈니스 대화에서 가장 중요한 것은 사교에서의 대화보다 더 안전한 대화를 해야 한다는 것이다. 여기에서 말하는 '안전'은 실수하지 않도록 조심스럽게 대화하는 것을 의미한다. 그래야 하는 이유는 비즈니스에서의 대화가 가지는 두 가지 특징 때문이다. 일상에서의 대화나 소통에서는 당신이 실수를 저질렀다 하더라도 그 실수를 바로잡을 수 있는 기회가 많이 있다. 하지만 비즈니스에서 맺은 관계는 일상의 그것보다 여러 가지 제약이 존재한다. 말실수를 저질러 망쳐버린 만남이 그 사람과의 마지막 만남이 될 수도 있고, 실수를 바로잡기 위해 연락을 취하고 싶어도 접촉할 방법이 없을 수도 있다. 회사의 불만사항을 담은 메시지를 친구가 아닌 상사에게 전송하는 아찔한 경험을 해본 사람은 돌이킬 수 없는 실수가 얼마나 괴로운지 알 것이다. 잘못 보낸 메시지를 상대가 읽기 전에 취소하는 기능을 제공하는 SNS 메신저에게 고마운 마음이 들기도 한다. 하지만 불행하게도 육성으로 잘못 내뱉은 말을 취소할 방법은 없다. 실수를 바로잡기 어렵다는 사실은 실수하지 않는 것이 최선이라는 것을 우리에게 알려준다.

비즈니스 대화의 또 다른 특징은 나의 말이 곧 나에 대한 평가가 된다는 사실이다. 우리는 일상에서 종종 사소한 말실수를 하며 살아간다. 하지만 그 말실수들이 당신의 인간관계에 큰 영향을 미치지 않는 이유는 상대방이 당신의 본심을 알고 있기 때문이다. 대화 중에 당신이 다소 무례한 말을 내뱉었다 하더라도 평상시 예의 바르기로 소문난 사람이라는 것을 익히 알고 있는 친구나 가족이라면 순간적인 실수로 여기고 넘어갈 것이다. 하지만 당신이 비즈니스 관계로 만나게 되는 사람들은 당신이 어떤 사람인지 알지 못한다. 따라서 당신과 만났을 때 보여지는 모습, 들려지는 말들만으로 당신이 어떤 사람인지 판단할 수밖에 없다. 당신이 내뱉은 비속어를 들은 파트너는 단순한 실수로 이해하는 것이 아니라 당신을 저급한 사람으로 판단 내려버릴 수 있는 것이다. 그리고 이를 원망할 수 없다. 당신이 비즈니스를 하는 시간 동안에 항상 적당한 긴장감을 가져야 하는 이유다.

안전한 대화를 위해
갖춰야 할 기본기

1 상대방을 어떻게 여길 것인가?

머리와 마음에 있는 평소의 생각들이 나도 모르게 입 밖으로 튀어나오는 경우가 있다. 그 의도치 않은 말들이 당신의 좋은 생각을 표현한 것이라면 아무 문제가 되지 않겠지만 나쁜 생각을 드러내는 말이라면 치명적인 말실수가 된다. 그래서 실수하지 않는 대화를 위해서는 평상시 올바른 마음을 가져야 한다. 대화를 나누는 상대를 어떻게 여길 것인가는 비즈니스 대화에서 기본이 되는 마음가짐이다. 비즈니스 환경에서 만나는 모든 사람을 성별, 나이, 학력, 외모, 출신 지역 등과 같은 사적 요소로 구분 지어서는 안 된다. 앞서도 강조했듯이 "남자니까, 여자니까.", "어리니까, 늙었으니까.", "잘생겼으니까, 못생겼으니까.", "키가 크니까, 키가 작으니까.", "뚱뚱하니까, 날씬하니까.", "어느 대학 출신이니까.", "어느 지역 출신이니까."와 같은 표현을 사용하는 것은 상대를 존중하지 않는 무례한 행동이다. 이런 사적 요소로 사람을 구분 짓는 마음을 가진 사람은 자신보다 나이가 어리거나 학력이 낮은 상사를 절대 인정하지 않을 것이고 그 마음이 은연중에 말과 행동으로 표현될 수 있다. 당신과 대화를 나누는 파트너나 회사의 동료들은 당신과 소개팅을 하러 나온 사람이나 사교 모임에서 만난 사람이 아니다. 당신과 함께 일을 하기 위해 존재하는 사람이기 때문에 공적인 요소 즉, 직위, 직책, 업무의 종류, 조직에서의 역할 등으로 구분하며 대해야 한다. 비즈니스에서는 개인이 가진 사적 요소보다 공적 요소가 더 우선시된다는 것을 당신의 마음에 깊이 새겨 놓기를 바란다. 당신의 그 멋진 마음가짐 덕분에 자신도 모르게 튀어나온 말도 실수가 되지 않을 것이다. 현장에서 비즈니스 매너를 강의하는 내가 비즈니스 맨 Business Man 이 아니라 비즈니스 퍼슨 Business Person 이라는 표현을 쓰는 것도 결국 존중의 의미다. 사소한 표현 하나도 누군가를 제대로 존중할 수 있는 것으로 사용하자. 제대로 존중할 줄 알아야 제대로 존중받을 수 있다.

2 많이 듣고 적게 말하자.

회사원 A는 친구들 사이에서 달변가로 불렸다. 대학 시절에 생긴 별명은 자신도 몰랐던 재능을 깨닫게 해주었고 모든 발표는 A의 차지가 되었다. 사람과의 대화 역시 불편함이 없었고 아는 사람이든 모르는 사람이든 언제나 대화를 이끌었다. 이런 장점이 도움이 됐는지 회사에서도 외부 파트너와 협상을 하고 계약을 성사시키는 업무에 투입되었다. 그의 일상은 회의의 연속이었다. 어떤 대화에도 자신이 있었던 그였지만 업무 회의를 하면 할수록 은근한 스트레스가 생겨났다. 늘 그래왔듯이 회의를 주도적으로 이끌고 회의실을 나올 때면 너무 말을 많이 한 것 같은 기분, 불필요한 말을 한 것 같은 기분이 들어 찜찜했고 회의 결과가 좋지 않은 날에는 모든 것이 자신의 탓인 것 같았다. 아니나 다를까 어느 날에는 함께 회의에 참석한 상사로부터 한마디를 들었다.

**"A씨, 아까 그 이야기는
뭐 하러 했어요.
안 하는 게 나았어요."**

그날 이후, A는 회의를 시작할 때마다
필요한 말만 하리라 다짐했지만
습관을 고치는 것은 여간 어려운 일이
아니었다. 한때는 달변가라 불리던 그는
이제 대화에 자신이 없어졌다.

당신의 몸통이 말하는 사람을 향하도록 자세를 바꾸는 것 역시 매력적인 대화 매너다. 컴퓨터 모니터에 시선을 고정한 채 열심히 키보드를 두드리며 일을 하고 있는 당신에게 옆자리 동료가 말을 걸어온다. 이때 고개만 돌려 대화를 하는 것과 몸 전체를 동료의 방향으로 돌려 대화를 하는 것은 차이가 명확하다. 당연히 몸 전체를 그 사람으로 향하게 하는 것이 더 집중하고 있고 더 관심 가지고 있다는 표현이다. 가장 좋은 자세는 상대방과 정확히 마주 보는 것이지만 상황에 따라서는 키보드에서 손을 내리고 동료 방향으로 살짝 몸을 틀어주는 것만으로도 충분히 대화에 대한 관심을 보일 수 있다. 각도에 얽매이지 말고 몸을 움직이는 습관을 들이는 것이 중요하다.

당신이 내뱉는 말이
곧 당신이다

말은 나의 마음이나 생각을 표현할 수 있는 훌륭한 도구임과 동시에 누군가에게 상처를 줌으로써 일을 그르치게 만들 수도 있는 위험한 도구이다. 당신이 가지고 있는 말하기 능력을 훌륭하게 쓸 것인가 위험하게 쓸 것인가는 당신의 말하는 태도에 달렸다.

1 믿음직한 대화 상대가 될 것

회사원 A는 최근 개인적인 고민을 상사인 B 팀장에게 털어놓았다. 평소에 늘 이야기를 잘 들어주고 이해심이 많았던 B 팀장이었기에 조금은 부끄러운 개인사를 말해도 괜찮을 것 같았기 때문이다. 아니나 다를까. B 팀장은 고개를 끄덕이며 함께 고민해 주었고 적절한 조언도 아끼지 않았다. 대화가 끝날 때 A는 다른 팀원들은 몰랐으면 한다는 당부를 잊지 않았고 팀장은 걱정 말라며 안심시켰다. 며칠 후 팀원 모두가 모여 회의를 하는 자리에서 팀장은 갑자기 A의 이야기를 꺼냈다. A에게 요즘 개인적으로 일이 있어서 힘드니 다 같이 신경 쓰고 챙겨주면 좋겠다는 말이었다. 심지어 A를 바라보며 따뜻한 미소까지 보냈다. A는 생각했다.

> "아이고, 미치겠네. 이 얘기를 왜 하시지."

믿음직한 대화 상대가 되어야 한다. 그러기 위해서는 말하는 사람의 비밀을 보장해 주는 것이 첫 번째다. '나한테 얘기해. 나 입 무거운 거 알지?'라고 말하는 친구에게 비밀 얘기를 했다 다음 날 주변 사람들이 나의 비밀을 다 알게 되는 경우가 있다.

그 친구는 무거운 확성기였던 것이다. 사교에서보다 비즈니스에서 무거운 입은 더욱 중요하다. 업무와 관련하여 보안이 요구되는 중요 정보들이 오가는 환경이기 때문이다. '이 정도는 말해도 괜찮겠지….'라는 생각은 아예 접어두는 것이 안전하다.

확실한 정보만 전달하는 것도 당신의 신뢰도를 높이는 좋은 방법이다. '잘은 모르지만 저희가 가지고 있을 겁니다.', '확실치는 않지만 아마 가능할 겁니다.'와 같은 말을 했는데 막상 확인해 보니 가지고 있지 않고 가능하지도 않다면 당신의 말을 번복해야 한다. 어쩌다 한두 번은 아무런 영향이 없다고 하더라도 번복의 횟수가 늘어나면 늘어날수록 당신의 비즈니스 신뢰도는 추락하게 된다. 당신의 평판이 '그 사람이 하는 얘기는 반만 믿어. 늘 그런 식이야.'라면, 자신의 대화 방식을 가장 먼저 점검해봐야 한다. 모르는 것이 죄가 아니라 거짓말을 하는 것이 죄가 된다. 잘 모르는 사항에 대해서는 명확하게 말하자.

"제가 잘 모르는 사항이라서요. 최대한 빨리 확인 후에 알려드리겠습니다."

2 말로 사람을 불쾌하게 만들지 말자.

대화만으로 누군가를 즐겁고 행복하게 만드는 것은 얼마나 멋진 일인가. 모두가 그 특별한 능력을 갖출 수 있다면 좋은 일이지만 불행히도 쉽지 않은 일이다. 그렇다면 우리의 목표는 적어도 상대를 불쾌하게 만들지 않는 것이 되어야 한다.

업무를 위해 만난 사람과는 부정적인 이야기를 나누지 않는 것이 좋다. 업무와 관련해서는 당연히 부정적인 이야기를 나눌 수 있지만 앞뒤로 나누는 가벼운 사적 대화에서는 반드시 긍정적인 표현과 내용을 이야기해야 한다.

"그 운동은
취향에 안 맞네요."

"그 음식은
별로 안 좋아합니다."

"제 스타일은 아니라서요."

　자신이 싫어하는 것만 늘어놓는 사람이 있다. 심지어 자신의 회사나 동료에 대해 좋게 말해주는 상대에게 '그렇게 보이시죠? 실제로는 안 그래요.'라고 말하기도 한다. 당신이 내뱉은 부정적인 말들은 아무것도 변화시킬 수 없고 그저 당신을 부정적인 사람으로 보이게 만들 뿐이다. 누구도 불평과 불만을 가득 품은 사람과 소통하기를 원하지 않는다. 당신이 좋아하는 것들, 누군가에 대한 칭찬들을 이야기하는 사람이 되자. 부정적인 사람보다는 긍정적인 사람이라는 평판이 당신의 비즈니스에 도움이 된다.

　당연히 비속어, 은어, 욕설을 사용해서는 안 된다. 비즈니스 관계가 오랜 시간 지속되면 점차 친분이 생기기 마련이다. 친밀감에 취해 비즈니스를 하고 있는 중이라는 사실을 잊고 편하게 대하다 보면 사용해서는 안 되는 표현들을 쓰게 되기 때문에 조심해야 한다. 사교에서나 비즈니스에서나 나쁜 말이 사람을 불쾌하게 만드는 것은 똑같다. 가장 좋은 방법은 자신도 모르는 사이에 내뱉지 않도록 평상시에 이런 나쁜 말들을 사용하지 않는 것이다.

여러 사람이 모여서 회의를 할 때 옆자리 동료와 귓속말을 하는 것도 상대를 불쾌하게 만드는 행동이다. 당신이 귓속말하는 순간 상대방은 소외감을 느끼게 되어 인간적으로도 좋은 감정이 들 수 없고 업무적으로도 어떤 문제가 생겼는지 의심이 들어 당신에 대한 신뢰도가 하락할 수 있다. 설령 확실히 한국어를 알아듣지 못하는 외국인과 함께하는 자리라도 '괜찮아. 어차피 못 알아들어.'라는 말을 하며 한국말을 쓰는 것은 귓속말과 같은 무례한 행동이 된다. 불가피하게 동료와의 비밀스러운 대화가 필요하다면 귓속말보다는 차라리 회의를 잠시 중단하고 쉬는 시간을 갖는 것이 상대를 존중하는 행동이 될 수 있다.

<u>3</u> 부정과 거절을 전할 때는 쿠션을 사용하자.

일상에서 우리의 몸에 편안함과 안락함을 선사하는 푹신한 쿠션은 대화에서도 같은 기능을 한다. 대화에서의 쿠션은 당신의 의사를 조금 더 길고 부드럽게 전달하는 것을 의미한다. 특히 당신이 내뱉어야 하는 거절과 부정의 말들이 상대에게 날카로운 불쾌함이 되지 않도록 충격을 완화해 주는 기능을 하는 것이다. 당신의 사무실 입구에 어슬렁거리는 사람을 목격했을 때 뚜벅뚜벅 다가가서 어떻게 말하겠는가. '누구시죠?'라고 명료하게 물을 수도 있다. 만약 그 상황이 길거리 같은 일상적인 공간이었다면 문제가 없을 것이다. 하지만 그곳은 당신의 사무실 앞이다. 그 사람이 돌려보내야 하는 잡상인일 수도 있지만 당신의 회사와 관련된 방문자일 수도 있다. 전자라면 '누구시죠?'가 괜찮지만 후자라면 상대에게 무례한 느낌을 줄 수도 있다. 따라서 '실례지만 어떻게 오셨죠?'라는 쿠션을 더한 질문이 더 안전할 것이다. 마찬가지로 '안 됩니다.', '그 물건은 여기에 없습니다.', '제가 담당이 아닙니다.' 등과 같은 직설적인 표현은 거절당하는 상대에게 공격적으로 느껴질 수 있다. '죄송하지만 ~', '어려울 것 같습니다.'와 같은 표현을 섞어서 사용하는 것이 좋다.

모든 사람에게 제안을 거절당하거나 부정적인 결과를 듣는 것은 유쾌하지 않은 상황이다. 쿠션 대화는 그런 사람의 기분을 배려하는 멋진 매너다. 물론 서양의 특정 문화권 사람들에게는 쿠션 대화가 불필요하고 어색하다. 그런 사람들은 오히려 짧고 명확한 대답을 더 선호한다. 하지만 우리나라 정서에는 쿠션 대화가 효과적으로 작용할 수 있으니 적절히 사용하는 것이 좋다.

<u>4</u> 리액션의 리액션

A 이 음료가 저희 회사에서 이번에 새로 출시한
　　신제품입니다. 한번 드셔보시죠.
B 와! 진짜 맛있네요.
　　약간 꽃향기가 나는 것 같기도 한데요?
A 연구개발비와 인력을 많이 투입해서
　　굉장히 기대하고 있는 제품입니다.
B 멋지네요.
A 이제 마케팅 단계에 들어가서 요즘 업무가 많습니다.

리액션을 보통 듣는 사람의 몫으로만 생각하는 경우가 많다. 단언하건대 절대 그렇지 않다. 대화는 말을 주고받는 행위이기 때문에 리액션 역시 화자와 청자, 모두의 몫이다. 말하는 사람은 듣는 사람의 리액션에 다시 리액션을 해주는 것이 좋다. 앞의 대화에서 B는 A의 말에 리액션을 한 것이다. 그러나 A는 아랑곳없이 자신의 말을 이어갔다. 만약 '네. 맞습니다. 저희가 꽃향기를 첨가했는데 그걸 알아봐 주시네요!'라는 말로, '멋지네요.'라는 말에 '감사합니다'라는 말로 상대의 리액션에 반응해 주고 자신의 말을 이어갔다면 어땠을까? 상대가 보이는 적극적인 리액션에 아무런 반응을 하지 않고 자신의 말만 이어가는 사람은 이기적인 대화를 하는 것으로 느껴질 수 있다. 쉴 새 없이 공을 주고받는 '티키타카'는 축구뿐 아니라 대화에도 존재한다는 사실을 기억하자.

말은 나의 마음이나 생각을 표현할 수 있는
훌륭한 도구임과 동시에 누군가에게 상처를 줌으로써
일을 그르치게 만들 수도 있는 **위험한 도구**이다.

당신이 가지고 있는 말하기 능력을
훌륭하게 쓸 것인가 위험하게 쓸 것인가는
당신의 말하는 태도에 달렸다.

08

BUSINESS MANNERS

직장인

필 - 수

복장과
연락매너

　　세상에 존재하는 모든 분야가 그러하듯 비즈니스에도 기본기가 존재한다. 업종이나 직위, 직책, 경력 등과 상관 없이 모두가 반드시 알아야 하는 기술이기 때문에 기본기 란 단어를 사용하는 것이 걸맞다. 물론 비즈니스의 기술들 은 조직마다 가지고 있는 문화에 따라 차이가 존재하기 때 문에 예외 없이 모든 상황에 맞는다고 할 수는 없다. 하지 만 그러한 특수성들도 결국 기본기에서 응용되는 것이므로 보편적 기본기를 반드시 익혀야 한다.

자유복장,
아무 옷이나 입어도 될까?

은행 창구에서 기업투자 상담업무를 담당하는 A는 요즘 기분이 좋다. 회사의 복장 규정이 자유로 변경되어서 오랫동안 입어왔던 유니폼을 드디어 벗을 수 있게 되었기 때문이다. 평소 스타일 좋기로 소문난 A에게는 반가운 소식이었다. 그는 칙칙해서 성에 차지 않았던 유니폼을 벗고 자신만의 화려하고 센스있는 스타일로 고객들에게 더욱 좋은 모습을 보이겠다고 다짐했다. 하지만 자유복장이 시행되고 얼마 지나지 않아 A는 상사에게 조심스러운 지적을 받았다.

"자유롭게 입으라고 하긴 했지만…
그래도 좀 차분하게 입으면 좋겠군요."

매일매일 사진으로 남겨놓았던 자신의 출근 복장을 확인해 보니 화려한 프린트가 큼직하게 새겨진 라운드 티셔츠와 가죽 재킷, 반짝이는 오렌지색 미니 스커트가 그제야 눈에 들어왔다.

　　두 가지 서로 다른 스타일의 복장이 있다. 어느 쪽이 비즈니스에 맞는 복장이고 어느 쪽이 어울리지 않는 복장일까? 정답은 두 가지 모두 알맞은 복장이 될 수도 있고 두 복장 다 어울리지 않는 복장이 될 수도 있다. 적절함과 부적절함은 스타일이 아니라 당신의 업무에 따라 달라지는 것이다. 만약 당신이 고객의 자산을 관리하는 금융 전문가라면 무게감이 느껴지고 정돈된 느낌을 주는 정장 차림이 더 알맞은 복장이라고 할 수 있을 것이다. 반면에 트렌드를 만들어내는 창의적인 패션업계에 종사하는 당신이라면 다채로운 컬러와 다양한 아이템을 매치한 멋스러운 복장이 더 알맞은 복장이라고 할 수 있다. 이렇듯 일을 할 때 입어야 하는 복장의 기준은 슈트나 캐주얼 같은 특정 스타일로 둘 것이 아니라 내가 하는 업무의 효율성을 극대화하는가에 두어야 한다. 비즈니스에서의 자유복장이 무제한적 자유가 될 수 없는 이유다. 그러므로 우리 회사는 정장 차림이 전통이기 때문에 온종일 마주치는 사람 없이 컴퓨터 앞에서 장비를 관리하는 직원에게 정장을 강요하는 것은 잘못된 결정이다. 반대로 고가의 제품을 구매할 예정인 보수적인 고령의 고객을 만나러 가는 영업사원이 자유복장 지침에 따라 찢어진 청바지에 런닝화를 신고 간다면 그것 역시 잘못된 선택이라고 할 수 있을 것이다. 일터에서 특정 복장을 강요하는 시대는 지났다. 지금 시대에 필요한 것은 자신이 속한 기업의 문화와 업종의 특성, 그리고 자신이 만나는 사람과 수행하는 업무를 고려해서 알맞은 복장을 갖출 수 있는 능력임을 잊지 말자.

1 캐주얼(Casual) vs 포멀(Formal)

　　현명한 당신은 친구들과의 만남에는 편안한 청바지를 선택할 것이며 중요한 업무미팅 자리에는 격식을 갖춘 슈트를 선택할 것이다. 그리고 때로는 편안함과 격식의 중간인 비즈니스 캐주얼을 선택할 것이다. 이렇게 상황에 맞는 복장을 갖추기 위해서는 당신이 사용하는 옷과 소품들이 갖는 상대적인 무게감(뉘앙스)을 알아 둘 필요가 있다.

　　청바지는 캐주얼 아이템이다. 청바지보다 면바지가 상대적으로 포멀한 느낌을 주며 면바지보다는 울 소재의 정장 바지가 더 포멀한 느낌을 준다. 또한 재킷을 입는 것이 재킷을 입지 않은 것보다 격식을 갖춘 모습이다. 재킷을 걸치는 것은 당신의 복장에 정중함을 더하는 가장 손쉬운 방법이다. 이때 소재에 따라 느낌이 달라지는데 데님과 가죽 소재의 의류는 캐주얼에 속하는 아이템이기 때문에 격식이 필요한 자리에는 청바지나 청재킷, 가죽 바지나 가죽 재킷을 피하는 것이 좋다.

　　라운드 티셔츠는 캐주얼 아이템이다. 이에 비해 깃이 있고 단추가 2~3개 달린 폴로셔츠는 라운드 티셔츠에 비해 조금 더 포멀한 느낌을 주며 더 격식을 갖추고 싶다면 셔츠를 선택하는 것이 좋다.

운동화와 부츠는 캐주얼 아이템이다. 그에 반해 구두는 격식을 갖춘 신발이다. 구두는 크게 끈이 없는 로퍼와 끈이 있는 옥스포드로 나눠지는데 끈이 있는 옥스포드 슈즈가 더 격식을 나타내는 신발이기 때문에 포멀한 슈트 차림에는 끈이 있는 구두를 신는 것이 좋다. 이때 양말을 신는 것이 격식을 갖춘 차림이므로 격식이 필요한 사업상 만남이라면 복숭아뼈가 보이는 맨발이나, 발목 양말(풋커버)은 피하는 것이 좋다. 보통 다리를 꼬아서 의자에 앉으면 자연스럽게 바지 밑단이 위로 올라가는데 격식을 갖춘 슈트 차림이라면 발목이 충분히 긴 양말을 신어 살이 보이지 않도록 하는 것이 좋다. 양말의 색은 슈트보다 짙은 색의 양말을 신는 것이 무난한데 회색 슈트라면 짙은 회색 양말을, 감색(네이비) 슈트라면 짙은 감색 양말을 신으면 된다. 구두의 색깔과 맞출 수도 있는데 만약 검정색 구두를 신었다면 구두의 색과 동일한 검정색 양말을 신는 것도 좋은 코디다.

백팩과 서류 가방 중에는 당연히 서류 가방이 비즈니스에 어울리는 격식을 나타낸다. 많은 양의 물건을 담을 수 있고 양손이 자유롭다는 장점을 가진 백팩은 비즈니스를 하는 사람보다는 학생에게 더 어울리는 캐주얼 가방이다. 반면에 서류 가방은 어깨에 메지 않고 손에 들기 때문에 옷매무새를 흐트러뜨리지 않을 수 있다는 점, 그리고 언제든지 서류나 물건을 빠르게 꺼낼 수 있다는 장점이 있다. 프로다운 무게감이 필요하다면 백팩을 등에 메는 것보다는 서류 가방을 손에 드는 것이 좋다.

이처럼 각 아이템들이 가지는 느낌들을 고려해서 대상이나 상황에 따라 캐주얼, 비즈니스 캐주얼, 포멀 등의 다양한 스타일을 적절히 활용할 수 있는 능력을 갖춘다면 당신은 정중하면서도 동시에 스타일리시한 프로페셔널이 될 수 있을 것이다.

이메일 하나에도
프로다움이 묻어난다

2

    다양한 의사소통 수단이 등장함에 따라 일상에서 사적인 용도로 이메일을 활용하는 빈도는 줄어들었지만 그럼에도 불구하고 여전히 비즈니스에서는 이메일이 가장 활발히 사용되는 소통 수단이다. 당신이 비즈니스에서 이메일을 적극적으로 활용해야 하는 이유는 두 가지 특성 때문이다. 첫 번째는 시간적 여유를 동반한 의사소통의 수단이라는 점이다. 실시간으로 의견 교환이 이루어지는 전화와 달리 차분히 컴퓨터 앞에 앉아서 이메일을 작성하는 동안 정보가 틀리지 않았는지, 자신의 의도가 적절히 표현되었는지 점검할 수 있으며 추가로 자료를 첨부할 수도 있다. 두 번째는 증거의 역할을 한다는 점이다. 강의를 업으로 삼고 있는 나는 많은 교육담당자와 연락을 취한다. 거의 모든 소통은 전화 통화로 시작된다. 강의 대상자, 주제, 일시, 강사료, 요청사항 등의 정보를 주고받는다. 강의 진행이 결정되면 대부분의 교육담

사람과의 관계가 어느 정도 형성되어 있을 경우에 보편적인 미소나 웃음 이모티콘 ^^, :) 을 인사말에 사용하는 정도는 괜찮으나, 알록달록한 그림으로 만들어진 이모티콘은 사용하지 않는 것이 좋다.

사람들이 가장 흔히 하는 실수는 본문에 자료를 첨부하겠다고 쓰고 파일을 첨부하지 않는 것이다. 이 실수는 마지막 인사말을 작성하고 습관적으로 '보내기' 버튼을 누르기 때문에 주로 생긴다. 따라서 실수를 방지하기 위해 가장 먼저 보낼 파일을 첨부하고 본문을 작성하는 순서를 습관화시키는 것이 좋다.

비즈니스를 위한 이메일을 작성할 때는 퇴고가 필요하다. 작성을 마친 후 맞춤법이 틀린 곳은 없는지, 오타는 없는지를 다시 한번 확인하는 과정을 거쳐야 한다. 또한 불필요한 농담이나 부연 설명이 필요한 은유적 표현을 쓰지는 않았는지도 점검해야 한다. 그것이 당신의 비즈니스 이미지를 실추시키지 않는 최선의 방법이다.

업무 전화라면
격식을 갖추자

3

입사 2개월 차인 신입사원 A에게 가장 힘든 일은 전화를
받는 것이었다. '여보세요.'라고 전화를 받았다가 선임에
게 지적을 받고 난 이후부터는 'OOO의 A입니다.'라 말
하고 있지만 여전히 이 어색한 멘트를 왜 해야 하는지 이
유도 모른 채 기계적으로 사용하고 있었다. 게다가 낯설
기만 한 업무 관련 용어들은 상사에게 전달하기도 전에
까먹기 일쑤였고, 언젠가는 고객보다 전화를 먼저 끊어
서 고객이 하고자 했던 말을 다 하지 못했다는 싫은 소리
를 듣기도 했다. 분명히 통화가 끝나서 끊은 것인데 억울
했다. 이쯤 되니 A는 상사와의 전화 통화도 고객과의 전
화 통화도 하고 싶지 않고 두렵기만 했다.

> '평생 아무 생각 없이 해온 전화 통화가
> 이렇게 어려운 거라니….'

<u>1</u> 언제 받고 언제 끊어야 할까?

특별한 사정이 없는 한 전화벨이 2~3회 울렸을 때 전화를 받는 것이 가장 좋다. 전화를 걸었을 때는 5~7회 정도 벨이 울렸는데도 상대가 받지 않는다면 일단 전화를 끊고 연락을 기다리거나 연락을 바란다는 문자를 보내는 것이 좋다. 전화를 받지 않는다는 자동응답멘트가 나올 때까지 연결을 시도하는 것은 어쩔 수 없이 전화를 받지 못하는 상황에 있는 상대방을 곤란하게 만들 수 있기 때문이다.

일반적으로 전화를 끊을 때는 상사, 고객, 연장자 등 '갑'이 먼저 끊은 후에 '을'이 끊는 것을 예의로 여기므로 신경 쓰는 것이 좋다. 이는 당신이 전화를 종료하는 소리를 상대가 듣지 않도록 해주는 배려임과 동시에 상대방이 하고 싶은 말이 더는 없음을 마지막까지 확인할 방법이기도 하다. 동등한 관계의 사람끼리 나누는 통화에서는 당신이 충분히 기다렸다는 사실을 상대가 느낄 수 있도록 인사를 나눈 후 2~3초 정도 여유를 가지고 끊으면 충분하다.

<u>2</u> 목소리가 당신의 이미지를 결정한다.

상대에게 친절함을 전달하기 위해 모두가 '솔' 톤으로 목소리를 내야 하는 것은 아니다. 저마다 자기만의 목소리 톤이 있기 때문에 누군가에게는 인위적으로 내야 하는 '솔' 톤이 부담으로 여겨질 수 있다. 이러한 부담감은 전화 통화를 꺼리게 하는 원인이 된다. 당신이 가진 목소리 그대로 하되, 최대한 정중하고 친절한 톤이라면 충분하다. 다만 기운이 없거나 피곤한, 혹은 귀찮은 목소리를 내서는 안 된다. 이런 목소리는 시작부터 전화를 건 상대방을 불쾌하게 만들기 때문이다.

전화를 받은 후 첫 마디는 "여보세요."가 아닌 "(안녕하세요.) ○○○의 ○○○입니다."가 되어야 한다. 소속과 이름을 말하는 것은 당신이 비즈니스에 어울리는 사람임을 드러냄과 동시에 전화를 건 사람으로 하여금 자신이 올바르게 전화를 걸었다는 점을 즉각적으로 상기시켜 주는 역할을 한다.

첫 마디는 당신이 전화를 걸었을 때도 중요하다. 의외로 많은 사람들이 자신의 소개를 생략하고 다짜고짜 용건을 말하곤 한다. 이런 단도직입 타입의 전화를 받은 사람은 전화를 걸어온 사람이 누구인지, 어느 회사 소속인지 알지 못한 채로 쏟아지는 질문에 대답을 이어가다가 "실례지만 어디시죠?"라는 질문을 던지고 그제서야 "아. 네. 저는 ○○○의 ○○○라고 합니다."라는 뒤늦은 자기 소개를 받는다. 이렇게 뒤늦은, 심지어 상대가 물어봐야만 들을 수 있는 자기소개는 당신을 아마추어로 보이게 할 뿐 아니라 배려심 없는 무례한 태도로 비춰질 수 있다.

"이상화 강사님 맞으시죠? 다음 달에 직원 교육을 하려고 하는데
주제는 비즈니스 매너이고 인원은 50명 정도입니다. 가능하신가요?"

"이상화 강사님 맞으시죠? 안녕하세요. 저는 ○○○의 인사팀 과장 ○○○라고 합니다.
저희 회사 직원 교육 관련해서 상담받고 싶어 전화드렸습니다.
지금 통화하실 수 있을까요?"

<u>3</u> 전화하기 전에 반드시 시계를 보자.

업무를 위한 전화는 반드시 일과시간에 이루어져야 한다. 보편적으로 9시부터 6시까지를 일과시간으로 여기는 것이 좋으며, 12시부터 1시까지의 점심시간이나 주말과 공휴일 역시 전화를 하지 않는 것이 좋다. 부득이하게 오전 9시 이전이나 오후 6시 이후, 점심시간과 휴일에 연락하게 된다면 "너무 일찍/너무 늦게/점심시간에/쉬는 날에 전화드려서 죄송합니다."라는 인사말을 건네며 양해를 구하자. 당신은 멋진 매너를 가진 사람이 될 수 있다.

일과시간에 전화를 걸 때도 상대방을 배려하는 차원에서 "잠시 통화 가능하실까요?"라고 묻는 것도 좋다. 사소한 한 마디이지만 상대방이 회의나 이동 중이어서

통화가 어려울 수도 있기 때문에 통화를 나중으로 미룰 수 있도록 기회를 주는 멋진 배려다.

<u>4</u> 사랑을 속삭이는 전화는 길수록, 업무를 위한 전화는 짧을수록 좋다.

비즈니스에서 업무를 목적으로 하는 모든 소통은 간결하게 하는 것이 미덕이다. 상대가 문의할 수 있는 회사나 업무에 대한 기본 정보는 바로 답할 수 있도록 완벽히 숙지하는 것이 좋으며 확인에 다소 시간이 걸릴 경우에는 상대를 기다리게 하는 것보다는 차라리 회신 약속을 하고 일단 통화를 종료하는 것이 더 좋은 방법이다. 전화기를 잡은 채 상대를 하염없이 기다리게 하면 할수록 불쾌감은 커진다는 사실을 기억하자. 또한 다른 동료에게 전화를 연결할 때는 이전까지의 통화 내용을 최대한 함께 전달해서 같은 이야기를 반복하지 않도록 하는 것이 상대를 배려하는 좋은 통화 매너이다.

음식을 먹거나 타이핑을 하면서 발생하는 소음은 수화기를 타고 상대에게 그대로 전달될 수 있다. 능숙하게 여러 가지 일을 동시에 처리하는 당신의 멀티태스킹 능력은 분명 장점이지만 적어도 대화에서만큼은 집중하지 않음을 나타내는 비매너 행동이 된다. 만약 운전 중이거나 야외에서 도보로 이동 중이라면 미리 상대에게 상황을 설명하고 양해를 구하는 것이 좋다. 소음이 들릴 수도 있고 통화품질이 좋지 않을 수도 있어 상대에게 불편한 전화 통화가 될 수 있기 때문이다.

4

스마트폰은
스마트하게 사용하자

회사원 A는 옆자리에 앉은 상사 B가 불편했지만
누구에게도 말할 수 없었다. 딱히 자신에게 해가
되는 행동을 하지 않았기 때문이다. A가 불편함을
느낀 이유는 다름 아닌 B의 스마트폰 때문이었다.
B는 시도 때도 없이 여자친구와 큰 소리로 사랑을
속삭였고, 통화를 하지 않을 때는 모바일 게임의
화려한 캐릭터가 쉴 새 없이 칼을 휘두르며 사냥
을 하는 모습이 재생되고 있었다. A는 B의 책상에
서 벌어지는 이런 일들이 어딘지 모르게 불편하게
느껴졌다. 하지만 일 잘하기로 소문난 상사였기에
그냥 참고 지내야겠다고 마음먹었다.

비즈니스에서 스마트폰의 장점과 단점은 명확하다. 스마트폰이 제공하는 파트너들과의 신속하고 긴밀한 소통은 비즈니스의 효율성을 향상시켜주지만 올바르지 않은 사용은 동료에게 피해를 줌과 동시에 자신의 이미지와 업무 능력에 악영향을 미친다.

아무리 사랑스럽고 자랑스러운 대화라 하더라도 사적인 통화는 반드시 다른 동료들에게 들리지 않는 공간으로 이동해서 해야 한다. 당신의 기분 좋은 사적 대화가 사무실 분위기를 밝게 만들어 줄 것이라는 착각은 금물이다. 내용에 상관없이 사적 대화는 열심히 업무에 몰두하는 동료들을 방해하는 요소일 뿐이다. 당연히 자신의 편의를 위해 스피커폰으로 사적 대화를 하는 것 역시 삼가야 하는 행동이다.

업무를 위한 시간과 공간에서 스마트폰으로 개인적인 유희를 즐기는 것도 좋지 않다. 요즘은 스마트폰으로 못 하는 일이 없기 때문에 마음만 먹으면 놀거리를 끊임없이 발굴해낼 수 있다. 당신의 책상 위에 놓인 스마트폰 화면에 주식 호가창이나 차트가 켜져 있거나, 모바일 게임 속 캐릭터의 자동사냥 모습이 재생되고 있다면 진실 여부와 상관없이 당신의 업무 능력을 모두가 의심하게 될 것이다.

비즈니스에서 사용하는 소통 방법들이 어려운 이유는 오랫동안 일상에서 편하게 사용해왔던 것들을 전혀 다른 방식으로 사용해야 하기 때문이다. 그럼에도 불구하고 비즈니스를 하는 모든 사람이 이런 사소한 방식들을 익히고 활용하는 것은 결국 서로를 배려함으로써 원하는 성공을 이루기 위함이다. 기억하자. 당신이 가진 비즈니스의 기본기들은 당신을 함께 일하기 좋은, 함께 일하고 싶은 사람으로 만들어 준다는 것을.

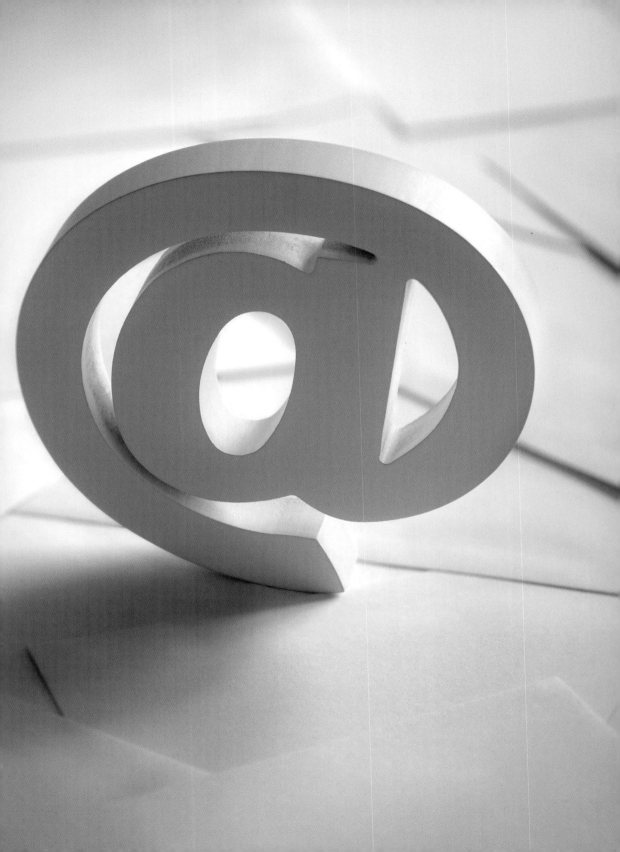

비즈니스를 위한 이메일이라면 맞춤법이 틀린 곳은 없는지,

불필요한 농담을 하지는 않았는지 확인해야 한다.

그것이 당신의 비즈니스 이미지를 실추시키지 않는 최선의 방법이다.

09

BUSINESS MANNERS

서로를

배려하는

오피스

에티켓

매너에서 중요한 것은 관계의 안전함이다.
당신이 비즈니스에서 부담 없이 할 수 있는 접촉은
악수와 하이파이브뿐임을 기억하자.

10

BUSINESS MANNERS

팀 워 크 를
높 이 는
오 피 스
매 - 너

모두가 즐거운 시간을 위한 회식 매너

회식은 대표적인 팀 단위 활동이다. 모든 활동이 그러하듯 회식도 어떻게 하느냐에 따라 긍정적 효과를 낼 수도, 부정적 영향을 줄 수도 있다. 긍적적 효과는 구성원들의 단합과 소통이다. 반면 부정적 영향은 회식에서 불미스러운 갈등이 생겨 팀워크에 해를 끼치는 경우다. 최근에는 부정적 영향이 부각되면서 회식을 기피하는 문화가 생겨나고 있다. 하지만 회식이 가진 장점도 분명히 존재하기 때문에 회식을 아예 포기하는 것보다는 서로 간의 매너를 지키면서 잘 치르는 것이 중요하다.

1 양보가 필요해.

과거의 회식은 과장을 조금 보태어 최상급자 한 명만이 100%의 즐거움을 누리는 방향으로 진행되었다. 당연히 나머지 참가자들의 즐거움은 고려되지 않았기에 누군가에게는 정말 싫지만 어쩔 수 없이 즐겁게 참여하는 모습을 보여야 하는 고충이 있었다. 넥타이를 머리에 두르고 병뚜껑을 눈에 끼우고 춤을 추는 다소 극단적인 모습이 과거의 회식을 대표하는 장면임을 생각하면 이해가 쉽다. 하지만 시대가 바뀌었다. 이제 모두가 적당히 즐거운 회식을 목표로 삼아야 한다. 서로가 서로를 위해 약간의 아쉬움을 받아들이고 양보한다면 그 목표를 달성할 수 있다. 이때의 양보는 어느 한쪽에만 강요되는 것이 아니라 리더와 팔로워 모두에게 요구된다.

우선 리더의 입장부터 살펴보자. 만약 당신의 젊은 팀원들이 매번 회식에 참여하지 않아 서운하다면 당신이 제안하는 회식의 형태와 당신의 태도를 점검해볼 필요가 있다. 리더로서 강요하고 있지는 않은가? 주량을 넘어선 술을 강요하고, 취향을 넘어선 춤과 노래를 강요하고, 체력을 넘어선 장시간의 회식을 강요하는 것은 회식에 참여하고 싶지 않게 만드는 대표적인 문화다. 주량만큼 술을 마시며 대화를 나누고, 동료의 춤과 노래에 박수를 치며 즐기고, 원하는 시간만큼 참여하고 일어날 수 있다면 회식에 대한 부담은 현격히 줄 것이다.

회식 메뉴도 리더가 양보해야 하는 것 중 하나다. 일반적으로 리더가 회식에 대한 결정권을 가지고 있기 때문에 리더의 취향이 회식에 전적으로 반영되는 경우가 많다. 하지만 팀원들도 하나의 인격체이고 나름의 취향이 존재한다. 리더의 취향뿐만 아니라 팀원들의 취향도 고려한 메뉴 선정이 필요한 이유다. 누구라도 매번 좋아하지 않는 음식을 먹어야 하는 회식보다는 차라리 내돈으로 집에서 편하게 라면을 끓여 먹는 것을 선택할 것이다.

회식이 싫은 이유에 늘 꼽히는 것 중 하나로 상사의 끊임없는 말도 있다. 대화의 독점은 주변 사람을 불편하게 만든다. 같은 얘기를 반복하고 자신의 화려했던 과거를 쉴 새 없이 늘어놓는 상사와 누가 마주 앉아 술잔을 기울이고 싶겠는가. 회식에서 업무에 대한 지적과 잔소리를 하는 것도 마찬가지다. 또한 직원들이 회식에서 보이는 말과 행동을 공적인 평가로 연결 짓지 않아야 한다. 자신의 모든 것이 인사고과에 반영된다면 회식 내내 신경을 쓰느라 불편할 것이며, 결국에는 핑계를 대고 불참하는 횟수가 늘어날 것이다.

이번에는 팔로워의 입장을 이야기해 보자. 개수로 따지자면 리더의 양보에 비할 바는 아니지만 무게감은 그에 못지않다. 팔로워가 할 수 있는 최고의 양보는 회식에 참여하는 것, 그 자체다. 퇴근 후의 시간을 개인적으로 활용하고 싶은 욕구와 그 가치를 존중한다. 하지만 회사 생활을 하는 동안에는 한 개인임과 동시에 조직의 구성원임을 잊어서는 안 된다. 회식에 참여하는 것은 구성원으로서의 역할을 하는 것이다. 당연히 선택적으로 이루어지는 소규모 회식에 무조건 참석하라고 강요하는 것은 아니다. 의무가 부여되는 필수 회식에는 적극적인 태도와 긍정적인 마음으로 참여하길 바란다.

<u>2</u> 뻔한 회식은 그만, 새롭게 만들어가는 회식 문화

어느 해 연말, 서울의 한 호텔 레스토랑에서 테이블 매너 강의를 했다. 강의 시작 전 테이블을 돌며 참가자들과 인사를 나누던 중 인상적인 그룹을 만났다. 그들은 한 치과의 원장과 직원들이었다. 어떤 이유로 이 자리에 오게 되었냐는 나의 물음에 좋은 인상을 가진 원장은 대답했다.

"연말이라 직원들과 회식을 하려던 중에 강의 포스터를 보게 됐어요.
호텔에서 맛있는 밥도 먹고 유익한 강의도 들으면 좋을 것 같아서
직원들에게 얘기했더니 다들 좋아해줘서 오게 되었습니다. 잘 부탁드립니다."

강의가 진행되는 2시간 동안 그 테이블의 모든 사람들은 서로를 바라보며 크게 웃었고 많은 대화를 나눴다. 기억에 남을 만큼 보기 좋은 모습이었다.

1차 고깃집, 2차 노래방, 3차 호프집. 누구에게는 익숙하고 누구에게는 낯선 과거의 전통적인 회식 코스다. 최근에는 외식 문화의 발전과 조직 문화의 변화로 회식의 모습이 많이 달라졌다. 개인의 개성을 중요하게 여기는 새로운 세대가 비즈니스 영역에 진입한 것도 영향을 미쳤을 것이다. 만약 아직도 뻔한 회식 코스만 고집하고 있다면 다양한 형태의 회식을 시도해 볼 것을 권한다. 퇴근 후가 아닌 점심시간을 이용해 팀원들끼리 특별한 음식을 즐기며 소통하는 것만으로도 회식의 목적을 달성할 수 있다. 또 퇴근 후 회식이라 하더라도 반드시 술을 포함해야 할 필요는 없다. 평소 팀원들 사이에서 이야기하던 유명 맛집을 함께 경험하는 것이나 뮤지컬, 영화 등 문화생활을 함께 하는 것도 즐거운 회식의 형태로 자리 잡고 있다. 시간과 공간에 제한을 두지 않고 팀의 단합과 소통이라는 목적에 집중하여 다채로운 회식 방법을 찾는 것이 중요하다.

회식을 하며 지켜야 할 매너 역시 다시 정의할 필요가 있다. 전통이라는 이름으로 내려오는 근거도, 의미도 없는 매너들은 과감히 걷어내자. 모두가 즐거운 회식을 위함이라면 우리 사회에서 보편적으로 공유되는 수준의 기본예절이면 충분하다.

컵에 물을 따르고 숟가락과 젓가락을 놓는 식사 준비는 일반적으로 직급이 낮은 아랫사람이 하는 것이 좋다. 일상에서 부모님, 선생님 등 어른들과의 식사 자리에서 실천하는 예절이기 때문에 윗사람을 배려하는 좋은 매너라고 할 수 있다. 단, 이를 반드시 아랫사람만 해야 하는 일이라고 규정짓는 것은 시대착오적이다. 상사인 당신의 앞에 마침 물통과 수저통이 있다면, 이를 부하직원 쪽으로 슬쩍 밀어두고 모른 척하지 말고 사랑하는 우리 팀원들을 위해 직접 물과 식기를 준비하는 리더가 되자. 리더와 팔로워 중 누구라도 할 수 있다는 태도와 마음을 갖는 것이 가장 아름답고 이상적인 매너다.

비슷한 경우로 어른이 먼저 식사를 시작하는 일상의 식사 예절처럼 회식에서도 상급자가 먼저 식사를 시작한 후에 본격적으로 음식을 먹는 것이 매너다. 술을 따를 때는 가장 높은 상급자부터 따르는 것이 좋으며 술을 받은 상급자는 화답의 의미로 하급자에게 반드시 술을 따라주는 것이 좋다. 우리나라의 주도에 따라 상급자에게 술을 따르고 받을 때는 두 손으로 하는 것이 공경을 표현하는 방식이다. 만약 술을 마시지 않더라도 권하는 술은 받고 다 같이 하는 건배에 참여하는 것이 좋은 매너다. 윗사람과 술을 마실 때 고개를 돌려서 마시는 것이 보편적인 예절이므로 회식에서도 지키는 것이 좋다. 당신이 회식에 참석한 최상급자라면 편하게 마시자는 한마디로 부하직원들을 배려할 수도 있음을 잊지 말자.

잘 쓰면 득, 잘못 쓰면
독이 되는 그룹 채팅

현대 비즈니스에 새롭게 생겨난 소통 방식 중의 하나는 단체 채팅방이다. 이는 모든 구성원이 하나의 SNS 채팅방에 상주하며 실시간으로 의견과 정보를 나눌 수 있는 유용한 도구임이 틀림없다. 하지만 잘못된 사용은 업무는 물론 팀원들의 관계에도 좋지 않은 영향을 미칠 수 있기에 올바른 사용법을 알아 둘 필요가 있다.

비즈니스를 위한 단체 채팅방은 업무적인 의사소통을 하기 위한 목적을 가진다. 따라서 반드시 업무와 관련된 내용만 공유해야 한다. 개인적인 정치 성향을 드러내는 뉴스나 종교 관련 내용을 공유하는 것은 다른 구성원들을 배려하지 않는 강요가 될 수 있으므로 해서는 안 된다. 음담패설이나 타인에 대한 비난 역시 업무용 단체 채팅방에 올려서는 안 되는 내용들이다. 그리고 단체 채팅방은 많은 사람이 함께 보는 공간이므로 지위 고하를 막론하고 공적 호칭과 함께 정중한 표현을 사용해야 한다. 문자를 통한 소통은 언제든지 오해가 생길 수 있으므로 불필요한 줄임말이나 은유적 표현, 농담 등은 사용하지 않는 것이 좋다.

단체 채팅방에 채팅을 올리는 시간도 중요하다. 모두가 인정하는 특수한 상황을 제외하고 일과시간으로 한정 지어야 한다. 이른 아침, 늦은 저녁, 주말, 공휴일 등 개인적인 시간에는 채팅을 보내지 않는 것을 모두가 원칙으로 삼는 것이 좋다. 휴식을 즐기고 있는 밤에 쉬면서 참고만 하라는 말과 함께 업무 내용을 공유하는 것은 쉬라는 것도 아니고 쉬지 말라는 것도 아닌 애매한 상황을 만드는 비매너 행동임을 잊지 말자. 또 공유하는 내용은 최대한 간결하게 핵심만 담는 것이 좋다. 만약 내용이 길어진다면 한 문장씩 여러 번 올리는 것보다는 다소 길어지더라도 하나의 채팅으로 공유하는 것이 잦은 알림을 방지하는 배려가 될 수 있다.

마지막으로 채팅방에 올라온 글을 확인했다면 빠르게 응답해야 한다. 채팅방은 수신 여부가 표시되기 때문에 읽었음에도 반응하지 않는 것은 업무를 지체시키는 것에서 끝나지 않고, 상대에게 불쾌감을 줄 수 있다. 현실에서는 말하는 상대의 눈을 바라보지 않는 것으로 무시를 표현하지만 디지털 세상에서는 읽고 답하지 않는 것이 곧 무시의 표현이 되기 때문이다.

칭찬하는 조직이
지닌 힘

3

당신에게 묻고 싶다. 당신은 우리 사회에 비난의 양이 많다고 생각하는가, 칭찬의 양이 많다고 생각하는가. 물론 비난과 칭찬이 수치화, 계량화될 수 없으니 정답이 존재할 리 없겠지만 아마도 비난이 많다고 생각하는 사람들이 더 많을 것이다. 칭찬보다는 비난을 더 자극적이고 흥미롭다고 느끼기 때문이다. SNS에는 누군가의 흠을 들춰내고 비난하는 영상들이 높은 조회수를 기록하고, 높은 조회수는 곧 돈으로 연결된다. 자극이 돈이 되는 시대에 자극적인 비난이 많아지는 것은 어쩌면 당연한 일일지도 모른다. 하지만 모두가 동의하듯 이상적인 사회는 비난보다는 칭찬의 양이 더 많은 사회다. 백 번 양보해서 칭찬의 양이 더 많은 사회가 어렵다면 적어도 같은 양으로 존재해야 한다. 다시 한번 당신에게 묻고 싶다. 당신의 회사 그리고 당신의 팀에는 비난과 칭찬 중 무엇이 더 많은가. 부정적인 대화가 많은가, 긍정적인 대화가 많은가. 이 질문에 대한 답은 곧 당신이 어떤 분위기에서 일하고 있는지를 말해준다.

1 칭찬의 양은 무조건 늘려라.

A 차장은 무뚝뚝한 남자다. 연애 시절부터 결혼 15년 차인 지금까지 아내에게 꾸준히 듣고 있는 싫은 소리는 다름 아닌 심하게 모자란 표현력이었다. 표현을 많이 해보려 여러 차례 시도해봤지만 성격 문제로 번번이 실패했고, 그럴 때마다 좋은 일이 있을 때 칭찬을 해주지는 않지만 나쁜 일이 있을 때 역시 비난을 하지 않는 자신의 과묵한 표현력이 장점이라고 생각했다. 평생 궁핍한 표현력이 불편하다고 생각한 적이 없었던 그였지만, 최근

규모가 있는 팀을 이끌게 되면서 문제를 느꼈다. 오랫동안 함께 일한 B 과장이 회식 중 부하 직원에게 무심코 건넨 한 마디가 계기가 되었다.

"C 씨, 원래 차장님이 표현을 잘 안 하셔서 그렇지, 아주 잘하고 있어요.
나도 처음에는 차장님이 칭찬을 안 하셔서 내가 일을 잘 못하나 싶었는데
1년에 한 번 몰아서 해주시더라고요."

굳이 말로 칭찬하지 않아도 알아주리라 여겼던 자신의 생각이 틀렸을 수도 있겠구나 싶었다. 그리고 리더인 자신의 좋은 말들이 고생하는 부하직원들에게 필요했을지도 모른다는 생각이 들었다.

오래 전 광고 카피는 이야기한다.

"말하지 않아도 알아요."

과연 그럴까? 커뮤니케이션이 중요해진 현대사회와 비즈니스에 이는 적용되지 않는다. 당신이 동료를 칭찬하고 싶은 마음이 들었다면 '알아주겠거니.' 생각만 하지 말고 반드시 말로써 표현해야 한다. 모든 사람의 센스와 눈치의 수준이 같지 않기 때문이다. 칭찬의 양을 늘리기 위해서는 결국 칭찬거리를 많이 찾아내야 하는데 가장 좋은 방법은 상대를 긍정적인 시선으로 바라보는 것이다. 미운 사람은 물 마시는 모습도 싫다. 걸음걸이도 왠지 마음에 들지 않고 웃는 모습도 이상하다. 밉다는 감정이 아무 문제없는 보통의 모습도 잘못된 것으로 느껴지게 하기 때문이다. 칭찬을 가로막는 것은 어쩌면 사람에 대한 선입견일지도 모른다. 근거 없는 부정적 선입견을 품지 않고 사소한 장점들을 발견하려는 노력이 조직에서 칭찬을 늘리는 시작점이다. 더불어 칭찬의 대상을 최대한 넓게 확장해야 한다. 독보적인 업무 성과나 큰 금액의 기부 같은 거창한 선행만을 칭찬의 대상으로 여긴다면 칭찬은 연례행사 정도가 될 것이다. 반면에 약속 시간을 잘 지키는 행동이나 동료들을 위해 사무용품을 미리 준비하는 행동 등 일상의 소소한 선행들도 칭찬의 대상으로 생각한다면 그 양이 늘어나는 것은 당연하다.

"A 대리는 어떻게 그렇게 부지런해.
덕분에 우리 팀은 사무용품 떨어질 일이 없네. 항상 고마워."
"B 과장님께서 지각하는 건 본 적이 없습니다. 정말 대단하세요."

서로에게 스스럼없이 칭찬을 주고받는 팀이라면 누구라도 함께 일하고 싶지 않겠는가.

2 구체적으로 칭찬하라.

칭찬을 구체적으로 하면 할수록 선행의 가치가 커진다

"김 대리. 이번에 아주 잘했어요."
→ Good (칭찬은 언제나 옳다.)

"김 대리. 이번 프로젝트 쉽지 않았는데 김 대리가 현명하게
계획 수립한 게 신의 한 수였어요. 분석자료도 너무 좋았고요."
→ Best! (구체적으로 칭찬하면 더욱 좋다.)

구체적인 칭찬은 칭찬을 받는 사람에게 자신의 장점을 명확히 확인시켜줄 뿐 아니라 더 큰 즐거움을 선사한다. 자신의 행동에 대한 즐거움은 그 선행이나 성과를 계속 이어 나갈 수 있도록 하는 원동력이 된다. 결과적으로 구체적인 칭찬은 조직에 큰 도움이 되는 선순환의 시작이라고 할 수 있다. 구체적인 칭찬이 좋다는 것은 어렵지 않게 공감할 수 있을 것이다. 하지만 현실에서 구체적인 칭찬을 하지 못하는 이유 중 하나가 겸손해야 한다는 고정관념 때문이다. 우리는 이것을 '생색'이라는 말로 지적하곤 하는데 겸손은 칭찬을 받는 사람이 보이는 미덕이 될 수 있지만 칭찬을 하는 사람마저 겸손할 필요는 없다. 선행에 대한 구체적인 칭찬은 구차한 생색이 아니라 새로운 선행을 이끌어내는 멋진 방법이라는 것을 기억하자.

3 모두가 칭찬에 동참할 수 있는 문화를 만들어라.

★★★

과묵하기로 유명한 A팀장. 그는 늘 조용하기만 한 팀 분위기를 살려보고자 큰 결심을 했다. 그동안 아껴왔던 팀원들에 대한 칭찬의 마음을 적극적으로 표현하기로 한 것이다. 마침 B 대리가 좋은 성과를 냈고 팀원들이 모인 자리에서 구체적인 칭찬을 건넸다. 순간 C 과장이 다가와 속삭였다.

"팀장님, B 대리만 너무 칭찬하시면 다른 직원들이 서운할 수 있으니
이 정도만 하시는 게 좋을 것 같습니다."

그로부터 일주일 후. 이번에는 D대리가 B대리와 같은 좋은 성과를 냈다. 하지만 A팀장은 C 과장의 말이 떠올라 공개적으로 떠들썩하게 칭찬하는 것이 망설여졌다. 결국 가볍게 "수고했어요."라는 말로 칭찬을 대신했다.

　칭찬을 받는 사람이 아닌 칭찬을 받지 못하는 사람에 포커스를 맞추어 형평성을 이야기하는 것은 칭찬의 양을 축소시키는 좋지 않은 행동이다. 모든 팀원이 공동으로 성과를 내서 칭찬의 대상이 되는 경우도 있지만 개개인이 칭찬의 대상이 되는 경우가 더 많다. 그럴 때마다 주변 사람들의 눈치를 보며 칭찬을 생략하거나 칭찬받을 사람만 불러내 은밀하게 칭찬을 건네는 것은 형평성의 범주에 해당하는 일이 아니다. 이것을 형평성을 지키는 것으로 간주한다면 칭찬의 양은 절대 늘어날 수 없다. B대리가 100만큼의 성과를 내어 100만큼의 칭찬을 해줬다면, 이후 D대리가 100만큼의 성과를 냈을 때도 똑같이 100만큼의 칭찬을 건네야 한다. 같은 성과에 같은 칭찬을 건네는 것이 다수의 사람을 이끄는 리더가 지켜야 할 칭찬의 형평성이다. 이 형평성이 지켜지지 않았을 때 칭찬을 덜 받은 사람은 리더가 자신을 좋아하지 않는다고 생각할 수밖에 없다는 것을 이해할 필요가 있다.

　우리가 칭찬을 잘하는 방법을 고민해야 하는 이유는 모든 조직 구성원이 스스럼없이 칭찬을 주고받을 수 있게 하기 위함이며, 동료가 뛰어난 성과로 칭찬을 받을 때 모든 팀원이 함께 박수를 보내며 축하를 건넬 수 있는 분위기를 만들기 위함이다.

　칭찬하는 조직 문화를 만들어가는 과정에서 한 가지 주의할 점이 있다. 칭찬과 비난을 반드시 분리해야 한다는 것이다.

"A 대리가 영업실적 1등을 차지했습니다!
정말 축하하고 열심히 해줘서 고마워요. 다들 박수 쳐줍시다.
다른 사람들도 정신 차리고 일합시다.
A 대리가 이렇게 할 동안 뭐 한 거예요. 분발합시다."

누군가를 칭찬한 이후 곧바로 다른 사람들을 향한 비난을 덧붙이는 실수를 종종 한다. 이렇게 되면 모든 구성원은 내심 누군가 칭찬을 받는 상황이 오지 않기를 바라게 된다. 누군가를 향한 칭찬은 곧 자신을 향한 비난이 될 것을 경험적으로 알고 있기 때문이다. 이런 마음을 가진 사람이 어떻게 동료에게 진심의 박수를 보낼 수 있겠는가. 그리고 이런 분위기에서 칭찬을 받는 사람은 얼마나 마음이 불편하겠는가.

또한 현재에 대한 칭찬과 과거에 대한 비난도 분리해야 한다.

"B 과장, 아주 잘했어요. 이번 프로젝트에서 공이 컸어요. 고마워요.
이렇게 할 수 있는데 왜 진작 안 했어요.
미리미리 준비해서 더 일찍 해냈다면 좋았을 텐데…."

칭찬에서 끝내야 하는데 곧이어 불필요한 비난을 붙이는 것도 칭찬의 가치를 줄어들게 만드는 좋지 않은 방법이다. 비난을 절대로 하지 말아야 한다는 이야기는 아니다. 업무상 꼭 필요한 비판과 지적이라면 적어도 타이밍을 고려해야 한다는 뜻이다. 칭찬과 비난은 분리된 시간, 분리된 공간에 존재할 때 온전한 가치를 가질 수 있다는 것을 잊지 말자.

리더와 팔로워 중 누구라도 할 수 있다는 태도와
마음을 갖는 것이 가장 아름다운 모습이다.

11

BUSINESS MANNERS

맛 있 는
비즈니스를
위 - 한
테 이 블
매 - 너

영업팀 A 대리는 지금껏 B 팀장이 파트너사와 소통할 때 보조하는 역할을 주로 해왔다. 회의나 접대를 위해 파트너사의 직원들을 만날 때도 든든한 B 팀장 뒤에서 그저 웃으며 따라다닐 뿐 주도적인 역할은 하지 않았다. 그러던 어느 날, A 대리는 팀장으로부터 새롭게 추진하는 타기업과의 제휴건을 맡아서 진행하라는 지시를 받았다. 규모가 크지 않은 사업이라 부담이 덜했지만 여러 회사가 참여하는 비딩(Bidding)에서 승리해야 하는 까다로운 과정도 있었다. A 대리는 B 팀장을 따라다니며 배운 경험을 총동원하여 원만한 관계 형성을 위해 노력했고, 그 결과 파트너사의 담당자로부터 "대리님, 식사 한번 하시죠."라는 말을 듣게 될 정도로 호감도 얻어냈다. 그는 프로젝트의 성공을 짐작하며 기대에 부풀었으나, 최종적으로 파트너사의 선택을 얻어내지 못했다. 패배가 납득되지 않았던 A 대리는 수소문 끝에 승리한 회사의 영업 과정에 자신이 하지 않은 한 가지가 있었다는 것을 알아냈다. 바로 식사였다. A 대리는 파트너사의 담당자가 했던 "식사 한번 하시죠."라는 말이 그저 인사치레일 뿐이라고 여겼다. 성격상 친하지 않은 사람과 밥을 먹는 것이 불편했기에 더 그렇게 믿고 싶었는지도 모른다. 그제야 "다음에 날 한번 잡겠습니다."라는 빈말을 몇 차례 했던 것도 떠올랐고 점심시간 즈음에 만났을 때도 식사가 아닌 커피를 마시는 것으로 대신했던 일이 생각났다. A 대리는 설마 하는 마음으로 팀장에게 물었고, 팀장의 대답은 명확했다.

"설마 진짜 밥 때문인 걸까요?"
"응. 밥 때문일 수도 있어."

비즈니스는 일만 잘하면 되는 것이 아니다. 우리는 컴퓨터도 아니고 로봇도 아니기 때문이다. 비즈니스도 사람이 하는 일이기에 실무 능력만큼 인간적인 관계 형성도 성패에 많은 영향을 미친다. 인간적인 관계를 맺을 때 밥을 함께 먹는 것만큼 중요한 것도 없다. 함께 밥을 먹는다는 것은 최소한의 장벽이 사라졌다는 것을 의미하는 긍정적인 신호다. 당신이 누군가에게 끊임없이 밥을 먹자고 하는데도 이 핑계, 저 핑계를 대며 응하지 않는다면 그 사람과 친분을 형성하기 쉽지 않을 것이다. 따라서 성공적인 비즈니스를 위해서는 불편하다는 이유로 식사를 마냥 피할 것이 아니라 그 중요성을 정확히 인식하고 적절히 활용하는 것이 현명하다. 테이블 매너를 익혀둔다면 비즈니스 식사에 대한 두려움도 한결 나아질 것이다.

식사 자리에도
각자의 역할이 있다

비즈니스를 위한 식사는 대접하는 쪽과 대접받는 쪽이 존재한다. 이는 부당한 것이 아닌 자연스러운 것으로 각각의 역할에 따른 매너를 습득하면 모두가 즐겁고 서로의 비즈니스에 도움이 되는 식사가 될 수 있다.

1 호스트의 역할

당신이 대접하는 호스트 입장이라면 식사 장소를 선정해야 하는 임무가 주어진다. 우선, 상대방의 취향을 확인하는 것이 좋다. 선호하는 음식, 기피하는 음식, 알레르기를 유발하는 음식 등 대략적인 정보를 물어 메뉴 선정에 참고해야 한다. 이때 특정 메뉴를 정해달라고 부탁하는 것은 상대에게 고민거리를 안겨줄 수 있으므로 한식, 중식, 일식과 같이 대략적인 취향만 확인하는 것이 좋은 배려가 될 수 있다. 비즈니스를 위한 식사는 가족이나 친구처럼 편한 사이끼리 하는 식사가 아니다. 따라서 킹크랩, 랍스터 같이 특정 도구를 써야 하는 갑각류나 상추쌈 같이 손으로 집어먹어야 하는 까다로운 메뉴들은 피하고 최대한 먹기 편한 음식으로 정하는 것이 모두에게 좋다.

식당의 위치는 게스트가 이동하기 편한 곳으로 정해야 한다. 이동수단이 대중교통인지 자가용인지 확인하고 각각의 상황에 맞춰 장소를 선정하는 것이 좋다.

식당에 주차공간이 없는데 게스트가 자가용으로 온다면 주차 때문에 꽤 많은 시간을 쓰며 불편함을 겪을 수 있다. 사전에 주차 가능 여부를 확인해야 하는 이유다.

호스트인 당신이 반드시 지켜야 할 두 가지가 있다. 첫 번째는 약속 장소에 먼저 도착하여 게스트를 맞이하고 안내하는 것이다. 게스트가 먼저 도착하면 식당 안에 들어가 있기도, 밖에서 기다리기도 불편할 것이다. 먼저 들어가 기다린다 하여도 자신이 계산하는 자리가 아니기 때문에 커피를 마시며 기다리는 것마저 곤란하게 느껴질 수 있다. 호스트인 당신이 미리 약속 장소에 도착해야 하는 이유는 게스트가 어색함과 불편함을 느끼지 않도록 하기 위함이다. 두 번째는 계산이다. 가능하면 게스트가 모르게 은밀히 계산을 완료하는 것이 좋으며, 게스트 앞에서 계산해야 할 때는 지폐와 동전을 세는 모습을 보이는 것보다는 신용카드를 사용해서 빠르게 계산을 끝내기를 추천한다.

2 게스트의 역할

당신이 대접을 받는 게스트 입장이라면 상대가 준비해주는 모든 것을 감사한 마음으로 마음껏 즐기려는 자세를 갖는 것이 최고의 매너다. 설령 당신이 좋아하지 않는 것들이 곳곳에서 등장할지라도 그 자리에서 예민하게 굴지 않고 너그러운 마음을 가져야 한다. 음식을 준비한 사람에게 맛있게 먹어주는 것만큼 큰 선물은 없다는 것을 잊지 말자.

게스트 입장이더라도 약속 시간에 늦는 것은 실례다. 간혹 상대와의 기 싸움에서 승리하기 위한 전략으로 약속 시간에 늦게 나타나 상대를 기다리게 만드는 사람들이 있는데 가장 어리석은 방법이다. 약속 시간에 늦는 것은 그 자체로 잘못을 저지르는 것이므로 자신의 흠 하나를 자발적으로 만들 필요는 없다.

　　개인별로 메뉴를 골라야 할 때는 가격대를 고려해야 한다. 상대가 회사의 돈으로 대접한다고 해서 이때다 싶어 평소 먹지 못했던 값비싼 음식을 고르는 것은 배려가 부족한 행동이다. 마음껏 고르라는 말을 너무 정직하게 받아들이지 말자. 반대로 가장 저렴한 것을 고르는 것 역시 배려가 되지 않는다. 어느 정도 상대의 능력을 인정해주면서 너무 과하지 않게 보이도록 중간 정도의 가격대를 선택하는 것이 좋으며 도저히 결정하기 어려울 때는 호스트에게 추천을 부탁하는 것이 오히려 안전한 방법이다. 만약 당신이 절대로 먹을 수 없거나 먹기 싫은 음식이 있다면 사전에 호스트에게 알려주어야 한다. 말해주지도 않았으면서 자신이 싫어하는 음식을 준비했다며 타박하는 것은 이치에 맞지 않는다. 자신의 정보를 전달한 이후 준비된 음식은 맛있게, 충분히 즐기는 것이 호스트의 대접에 대한 감사의 표현이다.

즐거운 식사를 위해
이것만은 지켜라

식사 자리에서의 모든 것은 함께하자.

자리에 앉을 때도 일행들이 모두 준비가 되었을 때 착석을 권하며 함께 앉는 것이 좋다. 대부분의 식당은 한 테이블의 음식들이 동시에 나오지만 만약 당신의 음식만 먼저 제공됐다면 아무리 배가 고파도 모든 사람의 음식이 나오기를 기다렸다가 함께 먹어야 한다. 먼저 드시라는 상대의 달콤한 권유에 흔들려서는 안 된다.

스마트폰과는 잠깐 거리를 두자.

당신이 혼자 밥을 먹을 때는 어떻게 먹든 아무 상관이 없다. 하지만 비즈니스로 만난 사람들과 함께 밥을 먹을 때는 당신의 사소한 행동들이 가볍지 않은 의미를 갖는다. 식사 자리에서 당신이 스마트폰을 사용하지 않는 것은 마주 앉은 사람과 함께하는 식사에 대한 집중과 존중의 표현이 된다. 나아가 스마트폰을 테이블 위에 올려놓기보다는 진동 모드로 바꾼 후 상대에게 보이지 않도록 주머니나 가방에 보관하는 것이 좋다. 급하지 않은 전화나 메시지는 식사 뒤로 회신을 미루고 어쩔 수 없는 긴박한 연락은 상대에게 잠시 양해를 구한 후 자리를 벗어나서 처리하는 것이 좋다. 이때는 최대한 빨리 테이블로 복귀해야 한다. 스마트폰 외의 어떤 소지품도 테이블 위에 올려놓지 않도록 한다. 테이블 위에는 식사를 위한 도구들만 존재할 수 있도록 하는 것이 편안하고 즐거운 식사를 위한 좋은 매너다.

식사 자리에서는 식사만 하자.

비즈니스를 위한 식사라고 해서 업무와 관련된 이야기를 마음껏 해서는 안 된다. 메뉴를 주문하자마자 서류를 꺼내 보이며 업무 이야기를 시작하는 것은 이 식사의 의도가 너무 노골적으로 드러나는 행동이 된다. 분명 비즈니스에 도움이 되기 위해 갖는 식사라는 것을 서로가 알고 있지만 그렇다고 인간적인 교감이 없는 것은 아니다. 오히려 식사 자리에서는 사적인 관계 형성을 더 큰 비중으로 삼는 것이 좋다. 따라서 식사 중에는 가볍고 즐거운 대화를 나누고 꼭 필요한 업무 이야기는 메인 코스가 끝난 후 디저트나 커피를 즐길 때 꺼내는 것을 추천한다. 혹은 식당에서 카페로 자리를 옮겨 업무 이야기를 이어가는 것도 좋은 방법이다. '밥 먹을 때는 개도 안 때린다.'는 말은 음식을 먹는 순간이 얼마나 보호받아야 하는지를 나타내는 속담이다. 식사를 방해하는 업무 이야기가 반가울 리 없는 이유다.

분위기는 편안하게, 자세는 바르게 하자.

식사를 하는 중에는 팔꿈치를 테이블 위에 올려놓는 것은 좋지 않다. 이는 한식, 양식 테이블에서 동일하게 적용되는 매너인데 한식을 먹을 때 한쪽 팔을 식탁 위에 걸쳐놓고 먹는 것, 양식을 먹을 때 팔꿈치를 테이블 위에 올려놓고 포크와 나이프를 사용하는 것을 말한다. 팔꿈치를 테이블 위에 올려놓으면 몸의 무게중심이 앞으로 쏠리며 기댄 자세가 된다. 혼자서 밥을 먹을 때야 상관없지만 정중함을 갖춰야 하는 격식 있는 식사 자리에서는 기댄 자세가 좋게 보이지 않는다. 또한 당신의 팔과 팔꿈치가 테이블 위에 있는 식기들을 건드려 소란이 벌어질 수도 있으니 주의하는 것이 좋다.

도착했을 때 웨이터의 에스코트를 '갑'에게 제공하기 위해서기도 하다. 테이블에 도착하면 웨이터가 의자 하나를 빼주는데, 그 자리는 상석이므로 웨이터를 뒤따르던 '갑'이 자연스럽게 착석하면 된다.

3 주문

웨이터가 건네는 메뉴를 펼쳐보지도 않고 "봐도 몰라요."라고 말하며 해맑게 웃는 것은 매너가 아니다. 보라고 준 메뉴판이므로 구경하듯 천천히 살펴보기를 권한다. 당신이 식사를 대접하는 호스트라면 게스트가 정한 메뉴를 확인해서 웨이터에게 대신 주문해주는 것도 좋은 매너다. 때에 따라서는 웨이터가 모든 손님들에게 직접 주문을 받기도 하는데 그때는 자연스럽게 각자 주문을 웨이터에게 전달하면 된다.

메뉴를 고를 때는 상대방과 비슷한 양의 메뉴를 주문하는 것이 안정적인 식사에 도움이 된다. 상대방은 서양의 코스요리나 우리나라의 한상차림 한정식을 주문했는데 당신은 파스타 한 접시나 비빔밥 한 그릇을 주문한다면 당연히 서로의 식사 시간에 차이가 생긴다. 혼자 먹는 상황은 먹는 사람도 기다리는 사람도 불편해질 수 있다. 결국 이 사소한 행동은 상대방과 식사 속도를 맞추기 위한 배려라고 할 수 있다.

만약 셀프서비스로 이용해야 하는 카페나 레스토랑이라면 상대방을 자리에 안내한 후 대접하는 사람이 계산대로 이동해서 주문하는 것이 좋다. 계산대에서 메뉴를 골라야 하는 장소라면 상대에게 메뉴를 고르게 한 뒤 먼저 자리로 이동하도록 안내하고 주문과 결제를 완료하면 된다. 대접을 받는 입장이라면 계산하고 있는 상대의 옆에서 그 과정을 뚫어져라 관찰하는 것보다는 몇 발자국 뒤에 서서 기다려주는 것이 좋다. 계산을 끝내고 당신에게 다가오는 호스트를 향해서 감사의 인사를 전해야 하는 것은 물론이다.

음식마다
먹는 방법이 있다

<u>1</u> 한식

우리나라 사람과 비즈니스할 때 함께 식사하는 메뉴는 한식인 경우가 가장 많을 것이다. 양식이야 우리의 것이 아니므로 능숙하지 않아도 비교적 이해를 받을 수 있지만 한식은 그렇지 않기 때문에 기본적인 예절들을 반드시 지키는 습관이 필요하다.

식사는 어른이 먼저 시작한 후에 아랫사람이 하는 것이 예의다. "먼저 드시죠."라는 권유의 말 한 마디면 당신이 이 예의를 알고 있음을 드러내기에 충분하다. 한식에서의 테이블 세팅은 왼쪽부터 밥그릇, 국그릇, 숟가락, 젓가락 순으로 이루어진다. 과거에는 밥그릇 위로 봉긋하게 밥을 담는 문화가 있었다고 한다. 그래서 오른손을 사용할 때 통이 넓은 소맷자락이 밥에 닿는 것을 방지하기 위해 상대적으로 높이가 낮은 국그릇을 오른쪽에 두기 시작했다는 것이 이 예절에 대한 여러 유래 중에 하나다. 유래야 어찌 됐든 우리 사회의 구성원들이 보편적으로 공유하고 있는 순서이므로 따를 필요가 있다.

숟가락과 젓가락을 아무리 능숙하게 다룰 수 있더라도 두 가지를 한 손에 들고 밥을 먹는 것은 예절에 어긋난다. 번거롭더라도 숟가락을 사용할 때는 젓가락을 식탁에 내려놓고 젓가락을 사용할 때는 숟가락을 내려놓자. 사용하지 않는 숟가락과 젓가락이 허공을 가르며 물컵이나 그릇을 건드려 낭패를 볼 수 있지 않겠는가. 최근에는 양식의 대중화로 왼손에 숟가락을, 오른손에 젓가락을 쥐고 양손으로 식사를 하는 사람들을 어렵지 않게 볼 수 있는데, 이는 한식 예절에는 맞지 않으므로 격식을 갖춰야 하는 중요한 자리에서는 삼가야 한다. 양손 식사는 스테이크나 파스타를 먹을 때 마음껏 사용하면 된다.

양식과 다른 한식의 주요한 특징은 음식을 공유한다는 것이다. 당신이 좋아하는 반찬을 독차지해서는 안 된다. 당신의 입에 맛있는 반찬은 모든 사람의 입에 맛있을 확률이 높으므로 사이좋게 나눠 먹거나 너그럽게 양보하는 것이 좋은 매너다. 편식하는 모습도 상대에게는 그리 좋은 이미지로 다가가지 않는다. 당신이 어떤 음식을 어떻게 먹는가는 곧 당신의 성격이나 취향을 보여준다는 것을 잊어서는 안 된다. 어떤 음식이든 맛있게 잘 먹는 사람이 그렇지 않은 사람보다 환영받는 것은 당연하다. 위생 측면에서도 주의해야 할 행동이 있다. 젓가락으로 집었던 반찬을 다시 내려놓아서는 안 된다. 또한 함께 먹도록 제공된 국이나 찌개 등은 반드시 공용 국자를 이용해 개인 그릇에 덜어 먹어야 한다. 과거에는 커다란 냄비에 담긴 찌개를 각자의 숟가락으로 아무렇지 않게 먹는 것을 정으로 여겼으나, 최근에는 개별 그릇에 덜어 먹는 문화가 많이 정착되었다. 함께 밥을 먹는 사람들의 건강을 지켜주고 기분을 상하게 하지 않도록 주의하자.

2 양식

비즈니스에서 양식, 특히 코스 요리를 적절히 활용하면 그 특별함 덕분에 상대에게 좋은 대접을 받았다는 인상을 줄 수 있다. 이 특별한 대접을 잘 하고 잘 받기 위해 양식 테이블 매너를 알아보자.

냅킨

양식 레스토랑의 테이블 위에는 늘 냅킨이 놓여 있다. 가로, 세로 각각 50cm 정도 크기의 정사각형 천, 냅킨은 어떻게 사용해야 할까? 간혹 천을 활짝 펴서 이불 덮듯이 허벅지 위에 덮는 사람들이 있는데 그러지 않기를 바란다. 우선 냅킨을 활짝 편 후 절반으로 접어 직사각형으로 만든다. 그리고 접힌 부분이 당신의 몸쪽으로 오도록 허벅지 위에 올려놓으면 된다. 몸이 휘청거릴 정도로 흔들리는 배 안이나 식기 사용이 미숙한 어린아이가 아니라면 냅킨을 목에다 두르는 것도 금물이다. 자리에 앉자마자 냅킨을 펼치는 것보다는 일행이 모두 착석한 뒤에 비슷한 타이밍에 냅킨을 펼치는 것이 매너다. 냅킨은 식사가 진행되는 내내 당신의 허벅지 위에 있어야 한다. 만약 잠시 자리를 떠나야 한다면 냅킨을 의자 위에 올려놓은 후 의자를 안쪽으로 밀어 놓아야 하며 식사가 끝났을 때는 대충 접어 식탁 위에 올려놓으면 된다. 식탁 위에 올려진 냅킨은 웨이터에게 식사가 마무리되었다는 시그널로 전해지므로 만약 식사 중간에 일행들보다 먼저 자리를 떠야 한다면 이때 역시 냅킨을 식탁 위에 올려놓으면 된다. 냅킨은 식사 중에 가볍게 입을 닦거나 손을 닦는 용도로 쓰이며, 당신의 하의에 음식이나 소스가 떨어지는 것을 막아주는 역할을 한다. 목덜미나 겨드랑이의 땀을 닦아서는 안 되는 이유다. 많은 사람들이 자신의 허벅지에 냅킨이 놓여 있음에도 웨이터를 불러 종이 냅킨을 요청하곤 하는데, 새하얀 냅킨을 더럽히기 싫은 당신의 선한 마음을 충분히 이해하지만 어차피 식사가 끝나면 고스란히 세탁업체로 향하기 때문에 망설이지 말고 마음껏 사용하기를 바란다.

좌左빵우右물과 커틀러리

A는 거래처 담당자의 결혼식에 회사 대표로 참석했다. 결혼식 장소는 서울의 한 특급호텔이었고 식장 안에는 큼직한 원형 테이블들이 가득 들어차 있었다. 적당히 빈자리를 골라 앉은 A의 눈앞에는 코스 메뉴와 함께 반짝이는 접시, 유리잔, 포크와 나이프들이 가지런히 놓여있었다. '에이. 나는 그냥 갈비탕이 편하고 좋은데.'라고 생각하는 찰나 결혼식이 시작되었다. 식이 막바지로 향하자 웨이터는 A의 앞에 있는 작은 접시 위에 먹음직스러운 빵을 놓고 사라졌다. 빵을 먹으려고 손을 뻗는 순간 A는 당황했다. 왼쪽에도 빵이 있고 오른쪽에도 빵이 있었기 때문이다. 자신에게 더 가까운 빵을 먹으려 했지만 거리는 정확히 똑같았다. A는 어쩔 수 없이 고픈 배를 부여잡고 옆자리 사람이 빵을 먹을 때까지 한참을 더 기다려 남은 빵을 먹어야 했다.

격식 있는 양식이 우리에게 어려운 이유는 프랑스어나 영어로 적힌 음식 이름 때문만은 아니다. 숟가락 한 개, 젓가락 한 개로 모든 것이 해결되는 우리 문화와 달리 여러 개의 식기를 사용해야 하는 어려움 때문이다. 호텔에서 열리는 결혼식에 참석해본 경험이 있다면 원형 테이블 위에 빼곡히 놓인 식기들을 접해봤을 것이다. 최대한 많은 사람을 앉혀야 하는 연회의 주최측 입장에서는 어쩔 수 없는 선택이라는 것을 이해하고, 우리는 '좌左빵우右물'만 기억하면 된다. 왼쪽에 있는 빵이 당신 것이고 오른쪽에 있는 물, 음료수, 술이 당신 것이다.

포크는 왼손에 나이프와 스푼은 오른손에 잡고 사용하며 음식이 나오면 가장 바깥쪽에 놓인 식기들을 차례로 사용한다. 당신 앞에 아무리 많은 수의 포크와 나이프가 놓여 있어도 당황할 필요가 없는 이유다. 간혹 설거지를 줄여주고싶은 배려의 마음으로 한 쌍의 포크와 나이프로 모든 음식을 먹으려는 경우가 있는데 그럴 필요는 없다. 음식을 다 먹으면 사용한 식기를 접시 위에 올려두어서 웨이터가 치워갈 수 있도록 하면 된다. 식기 사용법은 일반적으로 유럽식과 미국식으로 구분된다. 유럽식은 오른손의 나이프로 음식을 썰고 왼손의 포크로 찍어 먹는 반면, 미국식은 나이프로 음식을 자른 후 나이프를 접시 위에 올려놓고 왼손의 포크를 오른손으로 옮겨 음식을 먹는 방식이다. 어떤 방식이든 매너에 어긋나지 않으므로 당신이 편한 방법을 선택해서 사용해도 무방하다. 다만 식기를 손에서 손으로 옮기지 않는 유럽식이 보다 간편하므로 왼손 사용이 불편하지 않다면 유럽식을 권하고 싶다. 음식을 먹는 중에 포크와 나이프를 내려놓을 때는 반드시 테이블이 아닌 접시 위에 놓아야 한다.

식사 중   식사 끝

식사 중이라면 왼손의 포크와 오른손의 나이프를 잡은 상태 그대로 내려 놓으면 되는데, 시계의 4시 40분 방향이라고 생각하면 쉽다. 접시 위에 음식이 남았지만 식사를 마쳤다면 왼손의 포크를 오른손의 나이프 쪽으로 모아서 가지런히 내려놓으면 된다. 이때는 시계의 4시 20분 방향을 떠올리면 된다. 포크와 나이프를 내려놓는 모양은 웨이터에게 각각 식사 중, 식사 끝이라는 시그널을 전한다. 당신의 소중한 스테이크를 지키고 싶다면 이 두 방향을 절대 헷갈려서는 안 된다. 접시를 치우는 웨이터를 돕고 싶은 마음에 일행들의 접시와 식기를 차곡차곡 쌓아 두는 것은 오히려 웨이터를 방해하는 행동이 될 수 있다. 웨이터들은 여러 접시를 한 번에 치우는 나름의 방식이 있기 때문이다. 편하게 치울 수 있도록 그저 가만히 있어 주는 것, 나지막이 고맙다는 인사말을 건네는 것이 멋진 배려다. 그리고 당연한 매너이지만 포크와 나이프로 상대방을 가리켜서는 안 된다. 식기로 사용하고 있지만 그 뾰족한 생김새는 무기와 다를 바 없다는 것을 기억해야 한다. 함께 밥을 먹는 사람의 얼굴에 칼 끝을 겨눠서는 안 되는 것 아니겠는가.

빵

빵은 손으로 뜯어먹는 것이 매너다. 우아함을 유지하기 위해 포크와 나이프로 빵을 썰어 먹겠다는 생각은 버려도 좋다. 빵을 양손으로 잡고 한입 크기로 뜯는다. 준비된 버터나 잼을 버터나이프를 사용해 바른 뒤 입에 쏙 집어넣으면 된다. 빵은 식사 초반에 제공되지만 다른 코스 요리들과 다르게 금방 치워지지 않는다. 메인요리 접시를 치울 때까지 테이블에 두기 때문에 식사 내내 여유 있게 즐기면 된다. 왼편에 놓여 있는 빵 접시가 불편하다 하더라도 이를 중앙으로 옮겨 먹는 것은 좋지 않다. 중앙은 수시로 접시들이 들락날락해야 하는 공간이기 때문에 비워두는 것이 매너다. 테이블 위에 세팅된 모든 식기들은 처음 놓인 위치 그대로 사용하길 바란다.

스프

스프를 먹을 때 가장 중요한 것은 '후루룩' 소리를 요란하게 내지 않는 것이다. 뜨거운 스프를 먹을 때도 후후 불어서 식히는 것이 아니라 그릇 안에서 휘휘 저어가며 여유 있게 식히는 것이 좋다. 우리나라는 뜨거운 국이나 탕을 먹는 문화이기 때문에 고개를 잔뜩 숙여 그릇과 입을 최대한 가까이해서 먹는 행동이 익숙하다. 하지만 서양의 식문화에서는 얼굴을 식탁 위 그릇에 파묻고 먹는 모습을 동물과 비슷하게 여기기도 한다. 따라서 스프를 먹을 때 허리와 고개는 최대한 곧게 유지한 채 스푼을 입으로 가져와 먹는 것이 좋다. 스푼으로 스프를 뜰 때는 몸에서 가까운 쪽에서 먼 쪽으로 뜨는 방법이 있고 먼 쪽에서 가까운 쪽으로 뜨는 방법이 있다. 전통적인 매너에서는 전자의 방향을 선호하고 있지만 현실에서는 어느 쪽이든 괜찮다. 오히려 중요한 것은 스푼을 입까지 이동시킬 때 흘리지 않도록 스푼에 적당한 양을 담는 것이다. 스프를 다 먹은 후에 사용한 스푼은 테이블 위가 아니라 스프 그릇 안에 걸쳐 놓으면 된다. 만약 스프 그릇이 받침(소서 Saucer)과 함께 제공됐다면 그릇 받침에 올려놓으면 된다.

스테이크

　스테이크를 주문할 때는 고기를 어느 정도로 구울 것인지 결정해야 한다. 일반적으로 다섯 단계의 온도로 요청하는데 레어Rare, 미디엄 레어Medium Rare, 미디엄Medium, 미디엄 웰던Medium Well Done, 웰던Well Done이다. 레어가 가장 덜 익힌 상태이며 웰던이 가장 많이 익힌 상태다. 굽기를 선택하지 않는 단체 연회에서는 가장 넓은 범위의 취향을 커버할 수 있는 미디엄으로 굽기를 통일하는 것이 보편적이다. 스테이크 굽기에 정답은 없다. 음식은 어디까지나 개인의 취향이기 때문에 어떤 굽기를 선택해도 괜찮다. 따라서 당신이 미디엄 레어를 최고의 굽기라고 여기더라도 함께 밥을 먹는 상대방이 웰던을 선택한 행동에 대해 소고기에 대한 예의를 운운하며 잘못된 선택이고 잘 몰라서 하는 선택이라고 단정 짓는 것은 좋은 매너가 아니다. 최고의 테이블 매너는 상대의 취향을 있는 그대로 존중하고 인정하는 것임을 잊어서는 안 된다.

　스테이크를 받자마자 한 번에 모두 썰어 두고 먹는 것은 좋은 매너가 아니다. 이는 단순히 보기에 나빠서만은 아니다. 스테이크에서 중요한 것은 육즙과 온도인데 고기 덩어리를 조각내는 순간 단면적이 넓어지기 때문에 육즙은 더 많이 새어 나가고 온도는 더 빨리 내려간다. 번거롭더라도 먹을 때마다 썰어 먹는 것이 맛있는 식사를 위한 방법이다. 이런 의미에서 상대를 배려한답시고 스테이크를 대신 썰어주는 행동은 오히려

상대방이 맛있는 스테이크를 즐길 기회를 빼앗는 행동이 된다는 것을 기억하자.

인간적인 관계를 맺을 때
밥을 함께 먹는 것만큼 중요한 것도 없다.
함께 밥을 먹는다는 것은
최소한의 장벽이 사라졌다는 것을
의미하는 긍정적인 신호다.

많은 사람들의 노력으로 대중화가 꽤 이루어졌지만 여전히 와인은 우리나라에서 특별한 술로 여겨진다. 그 덕분에 비즈니스 활동 중 식사나 선물에 와인을 활용하면 특별한 의미를 전할 수 있다. 당신이 당장 회사를 그만두고 와인 전문가가 되기 위해 프랑스로 날아갈 필요는 없지만 일상에서 좋은 사람들과 어울려 자연스럽게 와인을 즐길 수 있을 정도의 지식과 매너는 갖출 필요가 있다. 그것은 당신의 다채로운 인생과 성공적인 비즈니스를 위한 즐거운 노력이다.

아는 만큼 맛있는 와인

와인은 포도를 발효시켜 만든 술이다. 발효는 무척이나 복잡하고 심오한 화학반응의 과정이지만 간단히 말하면 포도가 가진 당분이 효모와 만나 알코올로 변화하는 것을 말한다. 따라서 좋은 와인을 위해서는 좋은 포도가 필수이며, 포도는 농사를 지어 얻기 때문에 포도밭의 토양, 기후 등의 자연적인 요소들이 무엇보다 중요하다. 여기에 재배된 포도로 와인을 만들어내는 전문가의 양조기술이 더해지면 우리가 마시는 아름다운 술, 와인이 된다.

레드 와인, 스위트 와인, 바디감이 무거운 와인…. 와인을 잘 모르는 사람에게는 암호 같은 말이다. 당신이 만나게 되는 수많은 와인들은 몇 가지 기준에 따라 분류할 수 있다.

첫 번째는 색깔에 의한 분류다. 붉은빛이 나는 와인을 레드 와인Red Wine, 하얗고 노란빛을 띠는 와인을 화이트 와인White Wine, 분홍빛이 감도는 와인을 로제 와인Rose Wine 이라고 한다. 두 번째는 탄산의 유무다. 와인 안에 탄산이 있는 와인을 스파클링 와인Sparkling Wine 이라 하고 탄산이 없는 와인을 스틸 와인Still Wine 이라 한다. 세 번째는 당도의 유무다. 달콤함이 느껴지는 와인을 스위트 와인Sweet Wine, 달콤함이 없는 와인을 드라이 와인Dry Wine 이라고 한다. 물론 당도에 의한 분류는 나라마다 당분 함량에 따라 4~6단계로 세분화되지만 큰 틀에서의 구분 정도만 기억해도 충분하다. 드라이는 브뤼Brut, 스위트는 두Doux라고 표현하는데 이는 와인 레이블에서 자주 볼 수 있으므로 기억해두자. 특히 스파클링 와인을 구매할 때 이 단어들을 참고하면 당신이 원하는 당도의 와인을 알맞게 구매할 수 있다. 네 번째는 와인의 무게감이다. 입에 물을 머금고 혀로 튕겼을 때와 우유를 머금고 튕겼을 때의 느낌은 확연히 다르다. 물처럼 찰랑찰랑한 느낌을 라이트 바디Light Body, 우유나 두유와 같은 점성과 무게감을 풀 바디Full Bdoy라고 표현한다. 이 두 느낌의 중간 정도는 미디엄 바디Medium Body가 된다.

와인을 아는 사람이 되려면 와인에 관련한 기본적인 용어들은 알아 두는 것이 좋다. 스스로 와인을 사랑하고 즐겨 마신다 말하면서 빈티지Vintage를 모른다면 와인을 즐겨 마신다는 그의 이야기는 거짓말로 여겨질 수 있지 않을까. 빈티지는 와인에서 기본이 되는 개념이다. 당신이 마시게 되는 대부분의 와인에는 년도가 적혀 있는데, 이는 와인을 만들 때 사용한 포도를 수확한 년도이며 이것이 빈티지다. 빈티지가 적혀 있지 않은 와인도 있는데 이는 여러 해의 포도를 섞어서 만들었다는 의미다.

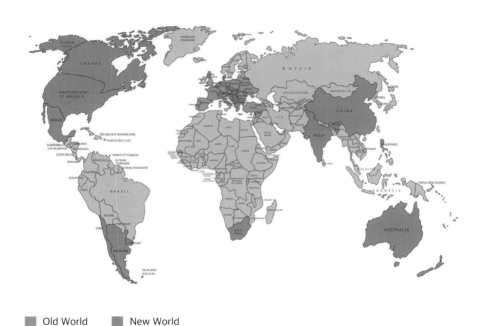

■ Old World   ■ New World

구세계Old World 와인과 신세계New World 와인은 와인의 생산지역을 크게 둘로 나눈 개념이다. 구세계 와인은 전통적으로 오래전부터 와인을 생산해온 유럽지역에서 만들어진 와인을 의미하며 프랑스, 이태리, 스페인, 독일, 포르투갈, 그리스, 오스트리아, 헝가리 등이 대표적인 국가다. 반면에 신세계 와인은 비유럽지역에서 생산된 와인을 의미한다. 미국, 뉴질랜드, 호주, 아르헨티나, 칠레, 남아프리카 공화국 등이 대표적인 국가다.

당신이 개인적으로 가지고 있는 와인을 레스토랑에 가져가서 마시고 싶다면 콜키지Corkage라고 불리는 요금을 내야 한다. 콜키지는 와인을 오픈하고 잔을 제공하는 서비스에 대한 요금이며 일반적으로 병당 정해진 금액을 내야 한다. 모든 레스토랑이 콜키지 서비스를 제공하는 것이 아니므로 사전에 서비스 이용이 가능한지 확인해야 하며, 만약 자신이 가져갈 와인을 업장에서 판매하고 있다면 그 와인은 가져가지 않는 것이 매너다.

와이너리Winery는 와인을 만드는 양조장을 말하며 와인 셀러Wine Cellar는 와인을 보관하는 저장소를 의미한다. 흔히 와인 셀러를 와인 냉장고로 여기지만 냉장고

뿐만 아니라 와인을 저장하는 모든 장소를 와인 셀러라고 표현한다. 고급레스토랑에서는 한쪽 벽면에 유리방을 만들어 온도와 습도를 조절하며 대량의 와인을 보관하기도 하는데 분명 냉장고처럼 생기지는 않았지만 그 역시 와인 셀러이다.

디캔팅 Decanting 은 병 속의 와인을 유리나 크리스털로 만든 용기(디캔터 De-canter)에 옮겨 담는 것을 말한다. 굳이 병 속에 잘 있는 와인을 옮겨 담는 수고를 하는 이유는 크게 두 가지다. 오래된 와인, 특히 레드 와인에는 침전물이 생기는데 와인을 투명한 디캔터에 옮겨 닮는 과정에서 이를 걸러줄 수 있다. 또한 병 속에 갇혀 있던 와인을 산소와 더 많이, 더 빨리 접촉하게 하는 목적이 있다. 이를 통해서 와인의 풍미를 끌어올리는 시간을 단축할 수 있는데 이를 브리딩Breathing 혹은 에어레이션Aeration 이라고 한다. 당신이 마시게 될 모든 와인에 반드시 디캔팅을 해야 하는 것은 아니므로 필요한 경우에만 적절히 활용하는 것이 좋다.

와인을 고르는
가장 현명한 방법

A 과장은 업계에 사람 좋기로 소문난 인재였다. 사교적인 성격으로 파트너사 담당자와 늘 화기애애한 만남을 유지했고, 덕분에 회사에 도움이 되는 협업도 많이 성공시켰다. 이번에도 A 과장은 프로젝트 진행을 위해 거래처 사람과 저녁 약속을 준비했다. 상대가 와인을 좋아한다는 정보를 얻었기에 식사 장소는 훌륭한 와인 리스트를 가졌다 평가받는 레스토랑으로 정했다. 테이블에 앉은 두 사람에게 웨이터가 와인 리스트를 건네자, 거래처 사람은 좋은 와인을 주문해달라며 A 과장에게 선택권을 넘겼다. 일생을 소주와 함께 한 그에게 시련이 닥친 것이다. 심지어 미리 외워온 몇 개의 와인은 메뉴에서 보이지 않았다. A 과장은 일단 가격을 살펴봤다. '비싸 봐야 얼마나 비싸겠어.'라는 생각으로 바라본 좌측 최상단에는 140만 원이라는 충격적인 가격이 적혀 있었다. 급격히 떨어지는 자신감처럼 그의 시선도 우하향하기 시작했다. 다행히 오른쪽 맨 아래에는 적당해 보이는 가격대의 와인이 있었다. 하지만 A 과장은 쉽사리 하나를 선택할 수 없었다.

> '얼마짜리 와인을 시켜야 할까, 이 와인들은 도대체 어떤 맛일까?
> 내가 고른 와인을 상대방이 좋아할까? 음식과는 잘 맞을까?'

메뉴를 바라보며 이런저런 고민을 하는 중에도 시간은 흐르고 있었다.

당신이 레스토랑에서 마주하는 메뉴에는 수십 가지의 와인들이 빼곡히 적혀 있을 것이다. 그 많은 리스트를 보며 와인 선택권이 나에게 있다는 사실이 원망스럽게 느껴질 정도다. 당연히 와인을 멋지게 주문하는 방법은 와인에 대한 정보를 모두 알고, 그날 모임의 성격에 맞는 특정한 와인 한 가지를 골라내는 것이다. 하지만 이렇게 주문한다는 것은 와인 전문가가 아닌 사람에게 무척 어려운 일이다. 따라서 우리는 다른 멋진 방법, 바로 소믈리에와 자연스럽게 대화를 나누며 추천을 받는 방법을 활용해야 한다. 소믈리에에게 당신이 마시고 싶은 와인의 스타일, 즉 색, 탄산 여부, 당도, 바디감을 기준으로 말하면 간단하다.

"화이트 와인 중에(색깔) 탄산이 풍부하게 들어 있는
스파클링 와인으로요.(탄산) 너무 달지 않고 적당히 달콤하면서(당도)
가벼운 스타일(바디)이면 좋겠는데, 괜찮은 와인이 있을까요?"

그리고 마지막으로 가격대를 정해주는 것이 당신의 지갑을 지킬 수 있는 좋은 주문 방법이다. 와인은 다른 술과 달리 가격의 범위가 매우 넓기 때문에 반드시 당신의 예산을 알려주어야 한다.

"가격은 5만 원대 정도면 좋겠습니다. 추천 부탁드릴게요."

일상에서의 자리라면 메뉴에 있는 와인 리스트 중 어떤 것이라도 당신의 예산에 맞춰 주문하면 된다. 그 레스토랑에서 가장 저렴한 와인을 주문하고 싶다면 당당하게 주문하자. 저렴한 와인을 주문하는 것에 눈치가 보여 예산을 웃도는 와인을 주문한다면 그 와인을 마시는 내내 예상치 못한 지출을 상쇄하기 위해 컵라면으로 몇 번의 끼니를 해결해야 할지 고민할 수밖에 없을 것이다. 만약 비즈니스를 위한 자리라면 1인 식사 가격과 비슷한 가격대의 와인을 주문하자. 이는 상대를 위한 대접의 의미를 잃지 않는 좋은 선택이 된다.

어떤 음식에 어떤 와인을 마시느냐 하는 것은 법칙으로 정해져 있지 않다. 음식과 와인 모두 사람이 먹는 것이기 때문에 각자가 느끼는 맛의 정도와 취향은 다르다. 그러나 보편적으로 잘 어울린다 여겨지는 조합은 존재하는데, 이를 프랑스어로 결혼을 뜻하는 마리아주 Mariage 라고 하며 이 조합을 구성하는 것을 페어링 Pairing 이라고 한다. 당신이 음식과 와인을 대접할 때 기억해야 하는 마리아주는 육류에는 레드 와인을, 해산물에는 화이트 와인을 선택하는 것이다. 물론 해산물에 레드 와인을 곁들여도 되지만 둘을 함께 먹어보면 왜 이런 원칙이 생겼는지 정확히 알 수 있을 정도로 음식과 와인의 맛이 모두 나빠진다. 또한 드라이 와인과 스위트 와인의 선택도 중요한데 스위트 와인은 달콤한 음식과 함께 마셔야 하는 디저트 와인으로 생각하는 것이 좋다. 단맛은 너무 강렬하기 때문에 뒤따르는 맛을 잃게 만든다. 코스 요리에서 단맛이 가장 마지막 코스인 디저트에 제공되는 것도 같은 이유다. 따라서 메인 요리의 맛을 지키기 위해서는 식사에 곁들이는 와인으로 드라이 와인을 선택해야 한다. 반대로 케이크, 초콜릿, 마카롱 같은 달콤한 디저트를 먹는다면 맛의 상쇄가 일어나는 드라이 와인보다 시너지를 얻을 수 있는 스위트 와인을 선택하는 것이 좋다.

3

잘 따르고 잘 받는 팁

와인을 따를 때는 입술이 닿는 림Rim에 와인병이 걸치지 않도록 1~2cm 띄어서 따르는 것이 좋다. 와인잔은 매우 얇기 때문에 무거운 병을 걸치면 깨질 위험이 있고, 입이 닿는 부분이기 때문에 위생적인 측면에서도 좋지 않다. 보편적으로 소주와 맥주를 잔에 따르는 양은 8부, 9부, 가득 등 다양하다. 반면 와인을 따르는 양은 일

반적으로 5~6온스(150~180ml)로 정해져 있다. 하지만 일상에서 와인을 마실 때 누가 계량컵을 들고 다니며 일일이 계량하여 따르겠는가. 간편하게 와인잔의 가장 볼록한 부분을 최대로 생각하고 따르면 얼추 비슷하게 적정량을 맞출 수 있다. 이렇게 와인의 양을 정하는 것은 이유가 있는데 잔의 아래에서부터 볼록한 부분까지는 와인을 채우고 빈 공간에는 와인의 향을 채우기 위함이다. 향을 위한 공간을 적극적으로 할애하는 것만 봐도 와인에서 향이 얼마나 중요한지 알 수 있는 대목이다.

우리나라 술 문화에서 윗사람이나 낯선 사람에게 술을 받을 때는 잔을 두 손으로 들고 고개를 숙이며 받는 것이 예의다. 하지만 와인 문화에서는 잔을 들지 않고 테이블 위에 올려놓은 상태로 받는 것이 올바른 매너다. 상대적으로 병이 크고 무겁기 때문에 잔을 들어 기울이면 따르는 사람도 받는 사람도 불안정하다. 잔을 올려놓고 멀뚱히 받는 것이 어색하거나 술을 따라주는 것에 대한 감사를 표현하고 싶다면 와인잔의 동그란 받침 부분인 베이스에 손을 살짝 올려놓으면 된다. 더불어 가장 좋은 표현 수단인 당신의 목소리로 "고맙습니다."라는 말을 덧붙인다면 최고의 표현이 될 것이다.

04

와인과의 첫 만남,
테이스팅

　레스토랑이나 와인바에서 당신이 반드시 만나게 되는 과정이 테이스팅이다. 소믈리에가 주문한 와인을 테이블로 가져와 레이블을 보이며 확인시켜준 후 능숙하게 와인을 오픈하고 나면 "테이스팅 하시겠습니까?"라는 질문을 던진다. 테이스팅은 와인을 본격적으로 마시기 전 일행 중 한 명이 먼저 맛을 보는 것이다. 수라상의 음식을 먼저 먹어보는 기미 상궁의 기미와 비슷하다고 생각하면 이해가 쉽다. 테이스팅은 보통 호스트가 한다. 남성과 여성의 데이트라면 남성이 하는 것이 좋다. 테이스팅의 목적은 와인이 보관, 유통 과정에서 변질되었는지를 확인하는 것이기 때문에 '갑'이 아닌 '을'이 하는 것이 좋은 매너다. 당신이 테이스팅을 해야 한다면 소믈리에에게 "저한테 따라주세요."라고 말하면 된다. 그러면 소믈리에가 당신의 잔에 한 모금 혹은 두 모금 정도의 와인만 따를 것이다. 자, 지금부터 당신의 시간이다. 일행과 소믈리에 모두 당신을 바라본다. 테이스팅은 최대한 빠르게 마무리해야 한다. 당신의 테이스팅이 끝나야 모두가 즐겁게 와인을 즐기기 시작할 수 있기 때문이다.

테이스팅은 세 단계로 진행한다. 시각적인 감상이 첫 번째다. 와인잔을 기울여 전체적인 빛깔을 감상하고 잔 위에서 탁한 정도를 살펴보기도 한다. 갑자기 웨이터에게 하얀색 A4용지를 요청해서 와인잔 뒤에 흰색 배경을 만들어 관찰하거나 재킷 소매를 걷어 자신의 하얀 와이셔츠를 배경 삼아 분석을 하는 것은 와인 동호회 모임에서나 해야 하는 행동이다. 식사를 위한 자리에서는 시간을 지체시키는 비매너 행동이라는 것을 기억하자. 두 번째는 향을 맡아볼 차례다. 와인의 향을 맡을 때는 당신의 코를 과감하게 와인잔 안으로 최대한 집어넣어야 한다. 단, 향을 맡고 난 후 코 주변에 동그랗게 자국이 생기지 않을 정도로만 넣어야 함을 잊어서는 안 된다. 이제 잔 속 와인이 소용돌이 치도록 잔을 빙빙 돌려보자. 이를 스월링 Swirling 이라고 한다. 스월링은 단순한 멋을 위함이 아니라 와인을 공기와 섞어 향을 발산시키기 위함이다. 스월링 이후에 다시 한번 향을 맡아보면 풍부하게 늘어난 향을 느낄 수 있다. 마지막으로 와인을 맛볼 차례다. 한 모금을 입에 머금고 입을 우물우물 움직여 혀, 입천장, 혀 아래, 양 볼, 목젖까지 온 입안에 와인을 적신 후 목으로 넘겨야 와인의 맛을 제대로 느낄 수 있다. 와인을 머금은 상태에서 입을 살짝 벌려 공기를 들이마시는 것도 와인의 향을 발산시키는 좋은 테이스팅 방법이다.

이 모든 과정을 몇 초 안에 짧게 끝낸 후 당신의 옆에 있는 소믈리에에게 괜찮다는 신호를 보내면 소믈리에는 테이스팅 한 당신을 제외한 일행들의 와인잔을 먼저 채울 것이다. 그리고 가장 마지막에 테이스팅 한 당신의 잔을 채운 후 와인병을 당신 옆에 두고 떠난다. 앞서 얘기했듯이 테이스팅의 목적은 와인의 변질 여부를 확인하는 것이지 내 입에 맞는 와인을 찾는 과정이 아니다. 변질되지 않은 이상 내 입에 맞지 않는다고 해서 마음에 드는 와인을 찾을 때까지 다른 와인들을 요청하는 행동은 하지 않아야 한다.

와인을 와인답게
마시기 위한 에티켓

와인을 마실 때의 매너 중에는 우리 술 문화와 다른 점이 꽤 많다. 혼자 마시거나 친한 친구들과의 편안한 자리라면 아무 상관없지만 와인을 마시는 격식이 필요한 자리에서는 몸에 밴 습관대로 행동했다 무례한 사람이 될 수 있으니 와인 에티켓을 알아둘 필요가 있다.

와인의 권한은 호스트에게만

우리 술자리 문화에서는 테이블 위에 소주병과 맥주병이 여기저기 놓여있어서 누구라도 술병을 잡아 빈 잔을 채울 수 있다. 하지만 와인을 마시는 자리에 당신이 손님으로 참석했다면 호스트의 옆에 와인이 한 병만 있을 확률이 높다. 그 와인의 권한은 호스트에게 있다는 것을 기억해야 한다. 누군가의 와인잔이 비었다고 손을 뻗어 호스트 옆의 와인병을 가져와 이 사람 저 사람 따라주는 것은 실례가 될 수 있다. 때문에 호스트의 역할이 무엇보다 중요하다. 당신이 와인의 권한을 가진 호스트라면 당신이 초대한 손님들의 와인잔이 비지 않도록 신경 써야 한다.

와인을 마실 땐 첨잔도 OK

우리 술 문화에서는 첨잔이 없다. 누군가에게 술을 따라주려고 하는데 잔에 술이 남아있다면 아마 당신은 마시고 받으라고 말할 것이다. 하지만 와인은 첨잔을 하며 마셔야 한다. 누군가의 와인 수위가 낮아진다 싶을 때 지체하지 않고 보충해주는 것이다. 와인은 마지막 잔이 아닌 이상 원샷을 하지 않아야 하고 일정량을 남겨가며 첨잔을 해서 마시는 것이 좋다. 이는 향을 즐기는 와인의 특징을 고려한 매너라고 할 수 있다. 당연히 모두가 벌떡 일어나서 차례대로 원샷을 이어가는 '파도타기' 역시 와인으로는 하지 말아야 할 행동이다.

와인은 몸통으로 건배

와인으로도 건배를 한다. 이때 입술이 닿는 와인잔의 윗부분을 부딪치면 깨질 수도 있기 때문에 와인잔의 몸통을 부딪치며 건배를 해야 한다. 와인잔을 부딪칠 때 나는 아름다운 소리 역시 몸통을 부딪칠 때 들을 수 있다. 건배할 때는 미소 띤 얼굴로 상대의 눈을 바라보며 하는 것이 세련되고 멋진 매너다.

알아두면 쓸모있는
대표적인 포도 품종

와인을 만들 때 사용하는 대표적인 포도 품종 몇 가지의 이름과 주요 특성들을
알아둔다면 비즈니스를 위한 대접을 하거나 선물을 할 때 유용하게 활용할 수 있다.

1 레드 와인(적포도 품종)

| 까베르네 쇼비뇽 | 메를로 | 피노누아 |

까베르네 소비뇽Carbernet Sauvignon은 가장 대표적인 포도 품종이다. 세계적으
로 가장 많이 재배되는 품종이며 여러 국가에서 광범위하게 재배되는 품종이다. 타
닌(떫은맛)이 풍부하고 묵직한 바디를 가지며 오랜 기간 숙성할 수 있는 품종이다.
메를로Merlot는 카베르네 소비뇽에 비해 타닌이 적고 부드러운 스타일의 품종이다.
풍부한 과실 향과 중간 정도의 바디감을 가지기 때문에 무거운 와인이 부담스럽다
면 좋은 선택이 될 것이다. 이런 특징 때문에 프랑스 보르도 지역에서는 까베르네
소비뇽과 함께 블랜딩해서 와인을 만든다. 피노누아 Pinot Noir 는 프랑스 부르고뉴
지역의 고급 와인을 만드는 대표 품종이다. 부드러운 타닌과 높은 산미가 특징이며
섬세하고 우아한 스타일의 와인을 만들어낸다.

2 화이트 와인(청포도 품종)

샤르도네   소비뇽 블랑   리슬링

샤르도네 Chardonnay는 화이트 와인의 대표 품종이다. 풍부한 과일 향이 특징이며 기후에 따라 상큼한 감귤의 특징부터 열대과일의 특징까지 다양한 스타일의 와인을 만들어 낸다. 오크통 숙성을 통해 풍부한 맛과 향을 더하기도 하는 품종이며 프랑스 부르고뉴의 대표 품종이다. 소비뇽 블랑 Sauvignon Blanc은 경쾌하고 청량감이 느껴지는 와인을 만들어낸다. 잔디와 같은 식물향과 오렌지, 레몬, 라임 등의 시트러스 과일향이 특징이며 무겁지 않은 스타일이라 누구나 무난하게 즐길 수 있는 품종이다. 뉴질랜드의 소비뇽 블랑은 적당한 가격과 좋은 품질로 유명하다. 리슬링 Riesling은 독일이 원산지다. 드라이 와인과 스위트 와인을 모두 만들 수 있다. 독일에서 생산되는 스위트 리슬링 와인은 꽃과 사과, 꿀 등의 향을 가지며 산미를 포함한 달콤함으로 많은 사랑을 받고 있다. 드라이한 리슬링 와인은 생선회와 해산물뿐만 아니라 일반적인 한식에도 잘 어울리기 때문에 활용도가 높다.

좋은 사람들과 어울려 자연스럽게
와인을 즐길 수 있을 정도의 지식과 매너를 갖추는 것은
당신의 다채로운 인생과 성공적인 비즈니스를 위한 즐거운 노력이다.

13

BUSINESS MANNERS

핵심만! - 한

쏙쏙 당당한

비즈니스
출장매너

산업자재를 취급하는 A 기업 해외 영업팀에 근무하는
B 대리는 들뜬 마음을 감출 수 없었다. 드디어 그렇게
기다리던 유럽으로의 출장이 확정되었기 때문이다.
그동안 선임들과 함께 동남아시아 나라들을 몇 차례
방문한 적은 있었지만 단독으로, 그것도 여태껏 한 번
도 가본 적 없는 유럽으로 떠나는 출장이라 설레는 마
음이 가득했다. SNS에서만 봐왔던 로마의 트레비 분
수와 파리의 에펠탑을 배경으로 인생샷을 남기리라,
그 맛있다는 이탈리아 젤라토와 프랑스 크로아상을
배불리 먹으리라 다짐도 했다.

물론 출장에서 수행해야 할 업무에 대한 준비도 철저히 했다. 현지 통역사 섭외와 소통, 회의 자료와 회사 소개서 준비, 제품 샘플과 간단한 선물 등 현지 거래처 파트너들에게 한국에서 온 멋진 비즈니스 파트너가 되기 위한 준비였다. 그는 언제 다시 올지 모르는 기회라는 생각에 업무 일정을 진행함과 동시에 최대한 많은 관광명소를 볼 수 있도록 계획을 수립했다. 모든 준비를 마치고 유럽으로 출발하는 날. 공항에 나타난 B 대리는 해외공연을 위해 출국하는 아이돌 그룹의 멤버처럼 화려하고 멋진 옷차림을 뽐냈다. 이탈리아 현지 공항에 자신을 픽업하러 나올 거래처 파트너에게 좋은 이미지를 선사할 멋진 모습이라고 생각했다.

해외 출장은 부담과 설렘이 공존하는 비즈니스 활동이다. 낯선 문화권에서 외국인과 업무 소통을 해야 한다는 것은 분명히 부담이지만 새로운 풍경과 문화를 경험한다는 즐거운 여행의 성격도 가지기 때문이다. 이런 두 감정을 동시에 가지게 되는 해외 출장에서 당신이 우선순위에 두어야 하는 것은 여행이 아닌 비즈니스이다.

해외 출장을 떠나는 프로의 자세

비즈니스를 할 땐 비즈니스의 격에 맞는 복장을 갖출 것

해외에서 활동하는 통역사분들을 대상으로 강의를 진행한 적이 있다. 주로 출장 온 기업인이나 공무원 등의 현지수행과 의사소통을 담당하는 그들이 나에게 털어놓은 하소연은 복장 문제였다.

> "아무리 그래도 일하러 오면서 등산복 차림은 좀 아니잖아요.
> 열이면 열 등산복이라니까요."

일과시간 이후의 개인적인 시간이라면 등산복이든 트레이닝복이든 아무 상관이 없지만 업무와 관련된 만남에서 등산복을 입었다는 것은 상대를 존중하지 않는 행동이 된다. 심지어 상대가 정장이나 비즈니스 캐주얼을 입었다면 문제는 더욱 심각해진다. 해외 출장이라고 하여 특별히 더 유연한 비즈니스 매너가 적용되는 것은 아니므로, 상대방과의 만남을 고려한 복장을 반드시 준비해야 한다. 격식을 갖춰야 한다면 슈트를 준비하고 그 정도의 격식이 요구되지 않는다고 해도 비즈니스 캐주얼 정도의 복장을 준비하는 것이 좋다. 특히 현지 공항에 당신을 픽업하기 위해 거래처 관계자가 나온다면 입국 게이트를 빠져나가는 순간에도 적절한 복장을 갖추는 것이 필요하다. 일하러 온 건지 놀러 온 건지를 결정짓는 당신의 첫인상이기 때문이다. 티셔츠보다는 셔츠를 입고, 가능하다면 재킷까지 갖춰 입어 정중함을 표현하자. 이때 원 버튼 재킷보다는 투 버튼 재킷이 비즈니스에 어울리는 정중함을 더 잘 표현할 수 있다.

업무에서 한 걸음 더 나아가 문화적 준비까지 하는 센스를 발휘할 것

'로마에 가면 로마 법을 따르라.'는 말이 있지 않은가. 출장 가서 일만 잘하고 오면 된다는 안일한 생각은 당신의 업무 성과를 깎아 먹는 요인이 될 수 있다. 당신을 맞이하는 해외 담당자는 먼 나라에서 찾아온 거래처 파트너인 당신에게 업무 외적인 배려와 소통을 제안할 수 있는데 이 모든 인간적인 접근을 거절하고 오로지 업무적인 태도로 일관하는 것은 더 좋은 성과를 낼 기회를 스스로 차버리는 것이다. 따라서 출장을 앞두고 업무와 관련된 준비에 만전을 기하는 것과 더불어 당신이 가게 될 국가의 문화에 대한 준비도 함께 해야 한다. 타문화에 대한 심층적인 이해까지는 아니더라도 그 나라의 간단한 인사말이나 제스처, 해서는 안 되는 행동, 기분 좋게 만드는 이야기들을 습득하는 정도로 충분하다. 매너의 기준은 매너가 이루어지는 장소가 되므로 내 나라에서 해왔던 행동만 고수하는 것은 실례가 될 수 있다.

상대 국가를 존중할 것

당신이 출장을 위해 방문한 나라에는 좋은 점도 있고 나쁜 점도 있다. 당연히 당신에게 맞는 것도, 맞지 않는 것도 있을 것이다. 하지만 당신에게 좋지 않아 보이는 그 나라의 어떤 것에 대해서도 파트너 앞에서 비난해서는 안 된다.

> "나폴리 피자가 왜 그렇게 유명한지 모르겠어요.
> 유네스코에서 지정한 인류무형문화유산이라던데
> 그 정도는 아닌 것 같더라고요. 한국 피자가 훨씬 맛있어요."

> "영국은 왜 이렇게 날씨가 엉망인가요?
> 기분까지 우울해지는 것 같은데 절대 못 살겠어요."

생각이야 할 수 있지만 굳이 그 생각을 이토록 솔직하게 표현할 필요가 있을까? 그 누구도 자신이 평생을 누려온 문화에 대한 비난과 비하를 고개를 끄덕이며 인정하기란 쉽지 않다. 특히 상대적으로 우리나라보다 발전이 덜 이루어진 국가일수록 마음에 들지 않는 부분이 많을 수 있으니 더욱 각별히 주의해야 한다.

낯선 곳이라는 핑계는 그만, 약속 시간은 반드시 지킬 것

당신이 비록 모든 것이 낯선 나라에 간다고 하더라도 약속 시간에 늦는 것이 허락되는 것은 아니다. 장소를 불문하고 약속은 신뢰의 문제이기 때문이다. 따라서 약속 장소에 10~15분 전에 도착하도록 여유 있게 이동 계획을 세우는 것이 좋다. 출장을 앞두고 이동 계획을 수립할 때는 단편적인 이동 수단의 시간표에만 절대적으로 의존하지 말고 인터넷에 올라온 사람들의 실제 후기 등과 같이 확인할 수 있는 정보들을 총동원해서 혹시 모를 변수에 대응하는 것이 좋다. 해외 출장의 모든 과정이 시간표대로 순탄하게 흘러갈 것이라는 확신만큼 위험한 것은 없다.

비즈니스와 사교는 철저히 분리할 것

해외 출장을 떠난 당신은 현지 파트너에게 저녁 식사를 대접받을 수도 있다. 또는 자신의 나라에 방문한 당신을 위해 가이드를 자처하는 배려를 받을 수도 있다.

이런 사적인 순간에도 비즈니스 파트너와 함께라면 당신은 늘 행동에 신경을 써야 한다. 아무리 편한 시간이라고 해도 그는 당신의 친구가 아니라 사업 파트너이기 때문이다. 친목을 위해 식사를 하며 술을 마실 때는 취하지 않도록 주의해야 한다. 과음은 실수를 불러오고 다음 날의 일정에도 악영향을 미치기 때문이다. 상대방이 대접하는 식사를 끝까지 사양하거나 각자 내기를 요구하는 것도 실례가 될 수 있다. 만약 온전히 대접받는 것이 못내 불편하다면 일단 감사히 받은 후에 상대를 대접하는 자리를 따로 만드는 것이 좋은 매너다. 반대로 상대에게 업무 외적으로 무리한 요구를 해서도 안 된다.

"제가 한국에서 여기까지 왔는데 맛있는 음식 사주실 거죠?"
"주말에 관광을 하고 싶은데 가이드 좀 부탁드려요. 좋은 데 많이 아시잖아요."

이런 요구는 당신과 당신의 회사 그리고 당신의 비즈니스까지 부정적으로 생각하게끔 만든다. 당신이 받을 수 있는 대접은 사전에 약속된 사항들뿐이므로 애초에 기대감을 갖지 않는 것이 모두가 즐거운 만남을 위한 마음가짐이다.

누군가는 지켜보고 있다! SNS를 조심할 것

출장을 위해 프랑스에 도착한 C 과장은 도착하자마자 이틀간 이어지는 마라톤 회의를 소화해냈다. 지루하고 힘든 회의를 감당하는 것이 쉽지 않았으나, 다행히 화기애애한 분위기에서 만족스러운 성과를 내며 마무리했다. 그리고 3일 차. 드디어 C 과장에게 주어진 하루의 자유 시간이었다. 아침 일찍 일어난 그는 호텔 조식을 즐긴 후, 서둘러 옷을 차려입고 꿈에 그리던 에펠탑으로 향했다. 파란 하늘과 살랑거리는 봄바람이 더할 나위 없이 완벽했다. 들뜬 기분을 만끽하며 그는 아름다운 에펠탑을 배경으로 환하게 웃으며 사진을 찍었다.

그리고 곧바로 프랑스 출장을 부러워할 지인들을 생각하며 SNS에 짤막한 해시태그와 함께 사진을 업로드했다. 그 게시물이 불러올 파장은 상상하지 못한 채로 말이다.

일상의 많은 부분을 SNS로 나누는 요즘. 해외 출장에서 만난 랜드마크에서 찍은 자신의 사진을 SNS에 게시하는 것은 흔한 일이다. 많은 사람들에게 나의 멋진 사진을 공유하고 싶은 마음은 이해하지만 출장 중에는 신중해야 한다. 비즈니스를 함께한 사람들이 당신의 SNS를 볼 수 있기 때문이다. 만약 방문한 국가에 대한 험담, 회의나 미팅에 대한 불만, 거래처 파트너에 대한 부정적인 의견 등을 그들이 보게 된다면 비즈니스뿐 아니라 당신의 개인적인 이미지에도 치명적이다. 더불어 한국에 있는 직장동료와 상사들도 당신의 SNS를 실시간으로 보고 있을 수 있다. 그들에게 그저 놀러간 것처럼 보여서 좋을 게 있을까? SNS를 조심해야 하는 또 하나의 이유다.

당신의 성품이 엿보이는
호텔 에티켓

　해외 출장을 떠난 당신은 낯선 곳에서 잠을 청해야 할 것이다. 비록 비즈니스는 외부에서 하고, 호텔에서는 휴식만 취하더라도 출장 때문에 묵게 되는 호텔에서 당신이 어떤 태도를 보이는 손님이 되는지는 중요한 문제다. 당신이 가진 일상의 모든 태도는 하나의 줄기로 연결되고, 그 사소한 태도들이 모이고 모여 당신의 평판이 되기 때문이다.

기본 중의 기본, 친절한 손님이 될 것

친절한 손님, 그리고 그 친절함을 표현하는 손님이 되어보자. 호텔에서 당신에게 서비스를 제공하는 모든 직원에게 감사의 인사를 건네는 것은 좋은 매너다. 체크인과 체크아웃을 도와주는 직원, 짐을 들어주는 직원, 룸서비스를 배달하는 직원, 방을 청소해주는 직원 등 모두 감사를 표현할 수 있는 대상이다. 직원들의 친절한 서비스에 웃는 얼굴로 "Thank you!"를 말하자.

모두를 위한 에티켓을 지키는 손님이 될 것

다른 투숙객들을 위한 에티켓을 지키는 것도 중요하다. 복도나 로비 같은 공용 공간에서는 정숙해야 한다. 호텔 객실이 나만의 공간이라 하더라도 방음이 완벽히 되지 않음을 기억해야 하고 늦은 밤에 시끄럽게 음악을 틀거나 소리를 지르는 것은 주의해야 한다. 다른 객실에 투숙하는 사람과 복도를 지나다니는 사람들에게 피해를 주는 행위이기 때문이다. 간혹 객실에 비치된 샤워가운을 입고 호텔 내 식당에서 조식을 먹는 사람들을 볼 수 있는데 이는 좋지 않은 매너다. 샤워가운은 객실 안에서만 입어야 한다. 호텔 규정상 수영장 이용 시에 샤워가운 착용을 허락하는 경우가 있는데 이를 제외하고는 객실 밖을 나설 때 어느 정도의 복장을 갖추는 것이 다른 투숙객을 배려하는 멋진 행동이다.

도둑이 될 것인가? 손님답게 행동할 것

호텔 객실에는 손님의 편의를 위한 다양한 물품들이 비치되어 있다. 이를 어메니티Amenity라고 하는데 이 중에는 가져가도 되는 것과 가져가서는 안 되는 것들이 있다. 이 작은 차이가 당신을 고객으로 만들 수도 있고 도둑으로 만들 수도 있으니 반드시 알아두어야 한다. 욕실에 비치된 일회용 샴푸, 바디워시, 로션, 비누, 칫솔,

치약, 면도기 등은 가져와도 괜찮은 용품들이다. 기본으로 제공되는 일회용 커피, 차 등의 마실거리 역시 가져와도 된다. 호텔 로고가 적힌 메모지나 볼펜, 엽서, 봉투 등도 호텔 홍보 차원에서 제공하는 것이므로 가져오는 것이 허용된다.

반대로 절대로 가져와서는 안 되는 물건도 있다. 샤워 가운, 수건, 베게, 머그잔, 인테리어 소품, 티스푼, 구둣주걱, 옷걸이 등이 바로 그것이다. 품질이 좋아 하나쯤 은근슬쩍 가방에 넣어오고 싶은 유혹에 빠질 수 있으나 함부로 가져온다면 도둑이나 다름없다는 것을 기억하자.

손님은 손님일 뿐, 왕이 아님을 기억할 것

호텔마다 나름의 규정이 있는데 이를 잘 지키는 것도 꼭 필요한 에티켓이다. 체크인과 체크아웃 시간, 규정 인원, 객실 내 흡연과 취사 가능 여부 등은 나의 개인적 사정과 관계없이 지켜야 하는 공통의 규칙들이다. 조금 일찍 객실에 들어가는 얼리 체크인 Early Check-in 이나 조금 늦게 객실에서 나오는 레이트 체크아웃 Late Check-out 은 고객의 당연한 권리가 아니라 호텔 측의 배려다. 이를 들어주지 않는다고 해서 강하게 항의하거나 비난하는 것은 이치에 맞지 않는 소위 진상 행동이다.

당신의 설렘을
지켜줄 공항 에티켓

3

해외 출장을 떠나는 사람의 대다수는 공항과 비행기를 이용할 것이다. 수많은 사람이 함께 이용하는 이 두 공간에서도 당연히 다른 사람을 배려하기 위한 에티켓을 지켜야 한다.

충분한 여유를 가지고 공항에 도착할 것

출장을 떠나는 경우라면 특히 공항에 여유 있게 도착해야 한다. 공항에서 에티켓을 지키지 않는 대부분의 이유가 지각에서 비롯되기 때문이다. 급하기 때문에 남을 배려하지 못할 뿐만 아니라 피해를 주기도 한다. 따라서 넉넉한 여유를 가지고 공항에 도착해서 업무에 필요한 물품이나 자료를 빠뜨리지 않았는지 점검하고 출국 절차를 여유 있게 밟는 것이 좋다. 이와 함께 도착지의 비즈니스 파트너에게 계획대로 출발한다는 사실을 알리고, 자신의 회사에도 출발을 보고하는 것이 순탄한 출장의 시작이다.

미리 준비하고 신속하게 움직일 것

공항은 기다림의 연속인 공간이다. 따라서 다른 승객들을 배려한다면 자신의 차례가 되었을 때 최대한 빠르게 절차를 처리하는 것이 매너다. 수속과 탑승에 필요한 서류를 미리 준비하고 보안검색대에서 필요한 준비를 하는 것 등이 그것이다. 나 하나 때문에 많은 사람들의 시간을 낭비하는 행동을 하지 않도록 하자. 또 하나, 당연히 새치기는 절대 금물이다.

기내에서 기본적인 에티켓을 지킬 것

비행기에 탑승하는 순간 당신이 머무르는 공간의 크기가 현격히 좁아지므로 넓은 공항에서보다 조금 더 조심스럽게 행동해야 한다. 당연히 모든 행동은 다른 승객과 승무원에 대한 배려와 존중이 기준이 된다. 기내 통로는 매우 좁기 때문에 다른 사람의 이동을 방해하는 행동을 해서는 안 된다. 탑승해서 지정된 자리에 도착했다면 최대한 빨리 짐을 정리해서 앉아야 당신의 뒤를 따르던 많은 사람이 이동할 수 있다. 복도 쪽 자리에 앉아 다리를 꼬고 통로를 가로막는 것도 타인의 이동을 방해하므로 주의해야 한다. 기내에서의 대화는 최소한의 목소리로 해야 하고 기내에서 제공되는 음식 외에 냄새가 심한 음식을 먹는 것도 다른 승객에게 불편을 주는 행동이므로 해서는 안 된다. 기내 화장실은 단순히 용변을 보는 용도로만 쓰이지 않는다. 옷을 갈아입거나 양치를 하거나 화장을 고치는 등의 다목적 공간이기 때문에 다음에 사용할 사람을 위해 물기를 닦고 용품들을 정리하는 것이 좋은 매너다.

승무원에 대한 예의를 지킬 것

    비행기에서 서비스를 제공하는 승무원들은 당신의 하인이 아니다. 승무원보다 나이가 많다고 반말을 사용하거나 고함을 쳐서는 안 되며 어떤 이유이더라도 승무원의 신체에 접촉해서는 안 된다. 친절한 서비스에 대한 감사의 표현을 건네고 항상 정중히 대하는 승객이 되어야 한다. 항공사에서 정해놓은 기내 규정을 철저히 준수하는 것도 중요하다. 안전벨트의 착용, 이착륙 시 등받이를 세우고 선반을 접는 것, 상황에 따라 화장실 사용과 이동이 제한되는 것 등의 규정은 모두의 안전을 위한 것이므로 승무원의 안내에 따라 반드시 지켜야 한다.

해외 출장에서 당신이 우선순위에 두어야 하는 것은
여행이 아닌 비즈니스라는 것을 잊어서는 안 된다.

14

BUSINESS MANNERS

글로벌
필수지식

국가별
매-너
포인트

A 부장은 오랫동안 모셔온 자신의 대표에게 전부터 하고 싶은 말이 있었다. 함께한 세월만큼 격의 없이 지내고 있는 대표였지만 그 말만은 차마 하지 못하고 가슴속에만 담아왔다. 그의 회사는 여러 나라에 지사를 운영하고 있어 자주 원격 화상 회의를 했는데, 대표는 회의를 마무리하며 늘 한 가지 당부의 말을 했다. A 부장의 마음에 걸리는 것이 바로 그 당부였다.

"우리보다 못사는 나라에 계신 분들에게는
항상 말과 행동을 조심하여 잘 관리해주시길 부탁드립니다."

어느 날 회의가 끝난 후, A 부장은 용기를 내어 대표에게 담아두었던 말을 건넸다.

"대표님, 항상 마지막에 하시는 당부가
못사는 나라를 무시하는 것처럼 들리진 않을까 염려됩니다."

그러나 대표는 예상 밖의 답변을 들려주었다.

"허허, 내가 하는 당부는 무시가 아니라 존중이에요."

이동수단과 통신수단의 발달로 전 세계는 긴밀히 연결되었다. 덕분에 글로벌 비즈니스는 더 이상 특별한 것이 아니며, 누구라도 할 수 있는 비즈니스의 형태로 자리잡았다. 우리나라를 벗어나 해외에서 비즈니스를 하기 위해서는 여러 준비가 필요한데 그중 하나가 우리와 다른 문화를 어떻게 받아들이고 대응할 것인가의 문제 즉, 타문화에 대한 이해다.

우리와 다를 뿐,
틀린 것이 아니다

1

　문화에 따라 스몰토크의 길이가 다르다는 것도 기억해야 한다. 중동 지역은 스몰토크를 길게 하기로 유명하다. '언제까지 이런 이야기만 하는 건가.'싶은 마음이 들더라도 상대의 이야기를 끊고 본격적인 업무 이야기로 들어가는 것은 실례가 될 수 있으므로 여유를 가지고 대화를 나누는 태도가 필요하다. 반대로 짧은 스몰토크를 선호하는 대표적인 나라는 독일이다. 가벼운 인사를 나누고 바로 본론으로 들어가는 경향이 있는데 그렇다고 해서 당신이 싫은 것은 아니다. 적당한 스몰토크를 활용하는 우리에게는 다소 기계적이고 차가워 보일 수 있지만 그들의 문화로 자연스럽게 이해하면 된다. 오히려 직접적이고 직설적인 태도를 숨은 의도 없이 정직하게 받아들이면 된다는 장점을 가진다. 우리나라와 미국을 포함한 많은 나라에서는 적당한 스몰토크를 선호한다. 스몰토크의 길이는 비즈니스에서 인간적인 관계를 얼마나 중요하게 여기는지 와도 관련이 있기 때문에 전략적으로 활용하는 능력이 필요하다.

해서는 안 될 일을
하지 않는 미덕

4

　당신이 다른 나라에서 그 나라의 비즈니스 파트너와 함께 하는 동안 목표로 삼아야 하는 것은 두 가지다. 점수를 따는 것과 점수를 잃지 않는 것. 전자의 목표는 무언가를 함으로써 얻을 수 있고, 후자의 목표는 무언가를 하지 않음으로써 달성할 수 있다. 점수를 잃지 않기 위해 절대로 해서는 안 되는 금기들을 알아보자.

1 정치

　그 나라의 정치인, 정치제도를 포함하여 정치와 관련된 언급은 아예 하지 않는 것이 안전하다. 누군가는 칭찬이라면 괜찮은 것 아니냐고 반문할지도 모르겠다. 하지만 정치 분야만큼은 칭찬도 위험하다. 정치에 대한 견해는 한 나라의 국민이라고 하더라도 모두 다를 수 있기 때문에 당신의 칭찬에 모두가 동의하리라는 보장이 없기 때문이다. 그 누구도 내가 싫어하는 정치인을 칭찬하는 사람이 반가울 리 없다. 이 원칙은 정치인뿐만 아니라 정치제도에도 적용된다. 우리나라는 대통령제를 채택하고 있지만 어떤 나라에는 왕이 존재한다. 영국, 스페인, 벨기에, 스웨덴 등의 유럽 국가와 일본, 말레이시아, 태국 등의 아시아 국가들이 대표적이다. 평생을 대통령제 국가에서 살아온 우리에게 왕이라는 존재는 낯설게 느껴질 뿐만 아니라 왕의 역할이나 존재의 의미도 쉽게 이해가 되지 않는다. 하지만 왕과 함께 평생을 살아온 국민들에게 왕은 정신적으로나 실질적으로나 귀한 존재임을 이해해야 한다. 따라서 왕王과 왕가王家에 관련된 모든 것들에 대해 폄하하거나 부정해서는 안 된다.

2 종교

종교 역시 대표적으로 피해야 할 주제다. 종교는 개인의 신념이나 인생과 연결되는 개념이다. 누군가에게는 삶의 전부가 될 수도 있다는 뜻이다. 우리가 종교적으로 실례를 범해서는 안 되는 명확한 이유다. 종교는 민감할 뿐만 아니라 어렵기 때문에 어설프게 다룰 수 있는 주제가 아니다. 비즈니스를 위해 만난 파트너와 교리에 대한 토론을 벌이는 것만큼 어리석은 행동은 없다. 종교에 대한 존중은 종교시설에서도 충실히 표현해야 한다. 우리나라의 대통령과 영부인도 이슬람 국가의 모스크를 방문할 때는 신발을 벗고 히잡을 두르는데 이는 사회적 지위를 초월한 종교에 대한 존중이다. 종교시설에서는 반드시 정해진 규칙을 지키고 상징물들을 함부로 다루지 않도록 주의해야 한다. 당신이 설령 다른 종교를 믿고 있더라도 말이다.

3 아픈 역사

그 나라의 아픈 역사를 언급하는 것도 절대 해서는 안 되는 행동이다. 어떤 나라든지 떠올리기 싫은 과거가 있는 법이다. 상대에게 점수를 따기 위해 '나는 당신의 역사를 이렇게나 잘 알고 있다, 그리고 위로를 건네고 싶다.'는 생각은 오히려 당신의 점수를 빼앗아 갈 것이다. 내 나라의 허물을 내가 이야기하는 것은 괜찮지만 남에게 듣는 것은 아프다는 사실을 기억하자. 우리나라에 방문한 외국인 파트너가 일제강점기나 IMF 시기를 이야기하는 것, 독일에서 나치와 홀로코스트를 이야기하는 것, 우크라이나에서 체르노빌 원전사고를 이야기하는 것, 일본에서 2차대전 패망을 상기시키는 것 등을 떠올려본다면 이것이 얼마나 나쁜 태도인지 굳이 설명하지 않아도 알 수 있을 것이다.

5

세상 모든 나라가 지닌
그들만의 문화

1 중국

'꽌시关系(정식표기는 관시)'와 '판쥐饭局', '미엔쯔面子'는 중국의 독특한 문화이자 비즈니스의 핵심 요소다.

'꽌시'는 관계를 의미한다. 이때의 관계는 우리가 일상에서 이야기하는 사람과 사람 사이의 관계와는 다른 의미다. 인간관계에 차등을 주는 개념인데, 나와 깊은 관계를 맺은 사람에게 좋은 대우를 하는 경향을 말한다. 비즈니스 관계의 본질인 실무보다 인간적인 관계를 중요하게 생각하는 '꽌시'가 비합리적으로 여겨질 수 있으나 이 역시 중국의 문화로 이해하고 적극적으로 활용할 필요가 있다. 중국 사람들과의 비즈니스를 위해서는 실무적인 준비와 함께 관계 형성에 주안점을 두는 것이 좋다.

'판쥐'는 연회를 말한다. 중국에서는 회의실보다 사교적인 식사 모임에서 이루어지는 비즈니스가 많다. 따라서 중국 파트너와 비즈니스를 성사시키기 위해서는 식사 자리에 적극적으로 참여하는 것은 물론 식사문화와 예절을 익히는 것이 중요하다. 중국 파트너가 당신의 회사에 방문했다면 커피가 아닌 식사를 대접하는 것이 훨씬 좋은 효과를 가져온다는 것도 기억하자. 또 식사를 하게 될 때 아무 자리나 앉는 것이 실례이므로 주최자가 정해주는 자리에 앉아야 한다. 중국의 식사는 레이지 수잔Lazy Susan 이라고 불리는 돌아가는 원형 테이블에서 이루어진다. 음식을 큰 접시에 담아 돌아가는 선반에 올려 두고 각자 개인 접시에 덜어 먹는 방식이기 때문에 반드시 음식을 가져오는 공용 젓가락과 음식을 먹는 개인 젓가락을 구분해서 사용해야 한다. 건배할 때는 낮은 지위의 사람이 술잔을 아래로 낮추는 문화가 있다. 차려진 음식을 맛있게 전부 먹는 것이 우리의 예의라면 중국에서는 음식을 약간 남기는 것이 예의다. 음식을 다 먹는다는 것은 음식의 양이 모자랐다는 의미가 되어, 식사를 준비한 주최자의 체면을 상하게 한다고 생각하기 때문이다.

'미엔쯔'는 바로 이 체면을 의미한다. 사람이라면 누구나 체면을 중요하게 생각하지만 중국 사람들에게 체면은 훨씬 더 강하고 깊은 의미이다. 음식을 과하게 시키고 남기는 것, 초대를 받았을 때 반드시 참석해주는 것, 선물 포장을 화려하게 하는 것 등은 체면을 살려주는 행동이며 상대의 제안을 면전에서 거절하는 것, 여러 사람 앞에서 잘못을 지적하는 것 등은 체면을 상하게 하는 무례한 행동들이다. 체면을 중시하는 문화는 본심을 알기 어렵다는 단점이 있지만 반대로 과장과 미화를 통해 상대를 높여 주는 것이 비즈니스 차원에서 좋은 전략이 될 수 있다는 장점도 존재한다.

2 일본

일본 사람들은 예의가 바르고 친절하며 배려가 깊은 성향을 가지고 있다. 자신들이 그런 예의를 가지고 있기 때문에 상대방의 무례한 행동에 민감한 면도 있다. 따라서 항상 예의를 갖추는 것이 중요하다. 아무리 관계가 깊어져 유대감이 형성되었다고 해도 예의를 철저히 갖춰야 한다는 사실은 변함이 없으므로, 원칙과 매뉴얼을 기준으로 비즈니스를 해야 한다. 약속 시간이나 납기 등을 철저히 지키고 변수가 발생했을 때는 사전에 양해를 구하거나 사과를 해야 한다.

일본에서는 특히 명함을 주고받는 예절이 엄격하다. 일단 명함을 깨끗하게 보관할 수 있는 명함 지갑과 함께 구비해야 한다. 명함은 반드시 서서 주고받아야 하며 책상을 사이에 두는 것보다는 책상 옆으로 비켜서서 주고받는 것이 예의로 통한다. 명함을 건넬 때는 명함 아래에 명함 지갑을 받쳐 두 손으로 잡고 건넨다. 명함을 받은 후에는 앞뒤로 살펴보고 회의를 하는 동안 테이블 위에 올려놓아야 한다. 명함을 상대방과 동일하게 여기기 때문에 소중히 다룬다는 생각이 필요하다.

일본 사람들은 악수나 포옹 같은 신체 접촉이 있는 인사보다 '오지기ぉじぎ'라고 불리는 허리를 구부려서 하는 인사를 선호한다. 상황에 따라 상체를 구부리는 정도를 15도, 30도, 45~60도로 조절한다. 동등한 관계라면 비슷한 수준으로 허리를 숙여 인사하는 것이 좋으며 가깝게 다가가는 것보다는 적당한 거리를 유지하는 것이 상대방을 불편하지 않게 하는 배려다.

그리고 선물을 주고받는 풍습이 있다. 선물을 받았을 때 그 자리에서 바로 열어보는 것보다는 상대방이 돌아간 후에 열어보는 문화를 가지고 있다. 건네는 선물을 몇 차례 사양할 수 있는데 이는 예의상 하는 행동인 경우가 대부분이다. 내가 받은 만큼 해줘야 한다는 인식이 강하므로 선물을 받았다면 반드시 비슷한 수준의 선물을 준비해서 건네는 것이 좋은 매너다.

3 서양 문화권

유럽, 북미 등 서양 문화권에서는 우리와 달리 제스처와 표정 같은 풍부한 비언어 표현이 돋보인다. 우리나라는 대화하면서 손을 많이 쓰지 않는데 서양 문화권 국가들은 과장을 조금 보태어 손을 사용하지 않으면 대화가 되지 않을 정도로 제스처를 활발히 사용한다. 이런 특징을 지닌 서양의 비즈니스 파트너들을 상대할 때 너무 무리해서 그들과 같은 제스처를 쓰려고 무리할 필요는 없다. 오히려 익숙하지 않은 제스처를 시도하다 잘못된 제스처를 쓸 수 있고, 그것이 더 큰 실례가 될 수 있기 때문이다. 상대의 풍부한 비언어 표현에 거부감을 나타내지 않는 것만으로도 매너 있는 태도가 될 수 있다.

눈맞춤 Eye Contact 은 소통의 필수 매너다. 우리나라의 문화에서는 눈을 아래로 내리는 것이 존중과 공경을 표현하는 방식이기 때문에 눈맞춤이 어색할 수 있다. 하지만 서양 문화권에서 눈을 바라보지 않는다는 것은 자신감의 결여나 인격적인 무시, 대화에 대한 무관심 등 부정적인 의미로 받아들여지므로 연습을 통해 눈맞춤이 익숙해지도록 할 필요가 있다. 째려보면 싸움이 되지만 부드럽게 쳐다보면 존중이 된다.

서양 문화권 사람들이 모든 부분에서 개방적일 것이라 생각하는 것은 위험하다. 특히 비즈니스에서는 보수적인 경향을 가지고 있기 때문에 기본기를 충실히 지켜야 한다. 약속 시간을 준수하고 전문성을 갖춘 모습으로 신뢰감을 전달해야 하며, 업종에 따라서는 격식을 중요하게 여기는 경향도 있기 때문에 첫 만남이나 중요한 미팅 시에는 자리에 걸맞은 복장을 제대로 갖춰야 한다. 또한 만남에 들어가기 전에 사업 관련 정보를 정확히 숙지해서 막힘이 없도록 소통해야 상대에게 믿을 만한 파트너라는 인식을 주므로 철저한 준비가 필요하다.

　프라이버시를 해치지 않는 매너도 중요하다. 친밀감을 높인다는 의도로 상대의 나이, 가족관계, 종교, 자녀계획 등 개인적인 질문을 하는 것은 좋지 않다. 동시에 사람 사이의 기본적인 매너 역시 잘 지켜야 한다.

　서양 문화권 국가에는 다양한 인종들이 살고 있다. 따라서 모든 인종과 모든 종교를 존중하는 언행을 해야 한다. 외모를 기준으로 누군가를 비판하거나 차별하는 모습을 보이는 것도 위험한 태도다. 반면에 훌륭한 문화유산이 많은 나라들이기 때문에 그 나라의 찬란한 문화와 역사에 대한 칭찬은 상대를 기분 좋게 만들 수 있으므로 마음껏 활용하기를 바란다.

　업무와 관련된 대화를 나눌 때는 부연 설명보다는 핵심 내용을 먼저 말하는 것이 좋다. 우리나라는 돌려서 말하는 쿠션 대화법을 사용하고 배경 설명을 많이 하는 편이지만 서양 문화권에서는 이런 경향이 적다. 상대의 질문에 직접적인 대답을 먼저 하고, 필요시 배경 설명을 덧붙이는 것이 효과적이다. 이메일에서도 본론만 적는 경우가 있는데 이를 무례함으로 여길 필요는 없다.

　마지막으로 비즈니스나 공적인 관계에서 선물을 주고받는 것은 흔하지 않은 일이다. 때문에 필요에 따라 선물을 주고받을 때는 고가의 선물이나 현금이 아닌 기념이 될 만한 작은 선물이 좋으며, 미팅이나 방문의 마지막 단계에서 감사의 뜻으로 건네는 것이 좋은 전달 방식이다.

4 이슬람 문화권

　이슬람 문화권의 국가에서 지켜야 할 매너는 무엇보다 종교와 관련된 것들이다. 항상 이슬람교와 무슬림을 존중하는 언행을 보여야 하며 여성을 대하는 태도에 특히 신경 써야 한다. 비즈니스에서 눈맞춤은 매우 중요한 태도이지만 이슬람 문화권에서는 예외다. 이슬람 국가마다 정도의 차이는 있지만 여성을 장시간 주의 깊게 바라보거나 과한 관심을 보이는 것은 대체로 좋은 매너가 아니기 때문이다. 우리는 "사모님과 따님도 잘 계시죠?"라는 질문을 편하게 받아들이지만 이슬람 문화권에서는 관계의 깊이에 상관없이 아내나 딸에 대한 호기심을 보이는 것은 좋지 않다. 마찬가지로 대표적인 비즈니스 인사법인 악수도 여성에게는 먼저 청하지 않는 것이 좋으며, 가벼운 눈인사나 고개를 숙여 인사하는 것이 좋은 매너가 된다.

허용되는 '할랄Halal'과 허용되지 않는 '하람Haram'을 반드시 확인하고 지켜줘야 한다. 잘 알려져 있다시피 이슬람 성서인 코란에 돼지는 불결한 동물, 술은 정신을 흐리는 해로운 것으로 적혀 있어 먹지 않는다. 호텔같이 외국인이 드나드는 곳의 레스토랑에서는 돼지고기와 술을 판매하는 곳이 있지만 비즈니스 파트너가 이슬람 교인이라면 함께 먹지 않는 것이 좋은 매너다.

왼손은 깨끗하지 않다고 생각하기 때문에 이슬람 국가에서는 항상 오른손을 사용한다는 생각을 하는 것이 좋다. 물건을 건넬 때나 악수를 할 때, 방향을 가리킬 때, 음식을 만질 때 모두 오른손을 사용해야 하는데 이 매너는 당신이 왼손잡이일지라도 지켜야 한다.

이슬람 문화권의 사람들은 시간에 관대한 편이기 때문에 약속 시간에 늦는 일이 자주 있다. 불편하더라도 문화로 이해하여 여유를 가지고 기다리는 것이 좋다. 하지만 상대가 늦는다고 당신도 늦어서는 안 된다. 불합리하게 느껴지더라도 약속 시간에 맞춰 도착하는 태도를 보여주는 것이 좋은 관계를 위한 매너다. 이슬람 교인인 경우에는 기도 시간을 고려하여 약속을 잡는 것이 종교에 대한 존중과 배려다.

당신이 만나게 될 다양한 모습의 문화들을
인정하고 이해하려는 마음과 태도가